이형의 것들

異形のものたち

옮긴이 이규원

한국외국어대학교에서 일본어를 전공했다. 문학, 인문, 역사, 과학 등 여러 분야의 책을 기획하고 번역했으며 현재 전문 번역가로 활동중이다. 옮긴 책으로 미야베 미유키의 『이유』, 『얼간이』, 『하루살이』, 『미인』, 『진상』, 『피리술사』, 『괴수전』, 『신이 없는 달』, 『기타기타 사건부』, 덴도 아라타의 『가족 사냥』, 마쓰모토 세이초의 『마쓰모토 세이초 걸작 단편 컬렉션』, 『10만 분의 1의 우연』, 『범죄자의 탄생』, 『현란한 유리』, 우부카타 도우의 『천지명찰』, 구마가이 다쓰야의 『어느 포수 이야기』, 모리 히로시의 『작가의 수지』, 하세 사토시의 『당신을 위한 소설』, 가지야마 도시유키의 『고서 수집가의 기이한 책 이야기』, 도바시 아키히로의 『굴하지 말고 달려라』, 사이조 나카의 『오늘은 뭘 만들까 과자점』, 『마음을 조종하는 고양이』, 하타케나카 메구미의 『요괴를 빌려드립니다』, 아사이 마카테의 『야채에 미쳐서』, 『연가』, 미나미 교코의 『사일런트 브레스』 등이 있다.

IGYO NO MONOTACHI
©Mariko Koike 2017, 2020
First published in Japan in 2017 by KADOKAWA CORPORATION, Tokyo.
Korean translation rights arranged with KADOKAWA CORPORATION, Tokyo
through JM Contents Agency Co.

고이케 마리코

이형의 것들

異形のものたち

이규원 옮김

북스피어

1장·얼굴 ——————— 007

2장·숲속의 집 ——————— 039

3장·히카게 치과 의원 —— 075

4장·조피의 장갑 ——————— 117

5장·산장기담 ——————— 157

6장·붉은 창 ——————— 199

편집자 후기 ——————— 234

차
례

1
장

얼
굴

◉

◉

✺

시선을 아득히 던져 봐도 끝 간 데 없이 편평한 풍경이다.

농로 하나를 가운데 두고 오른쪽이나 왼쪽이나 앞이나 뒤나 까마득히 멀리까지 밭이 이어진다. 곳곳에 전신주가 서 있지만 탁 트인 풍경 속에 있는 탓인지 시야에 거의 걸리지 않는다.

밭과 밭 사이로 좁은 길이 구불구불 뻗어 있다. 수십 킬로미터 전방에 푸르고 나지막한, 산이라기에는 애매한 융기가 나란히 솟았는데, 맑은 하늘 아래 얕은 능선은 주변 풍경에 녹아들며 사라지는 것처럼 희뿌옇다.

밭에서 일하는 사람은 보이지 않는다. 차량도 보이지 않는다. 고양이 한 마리 돌아다니지 않는다.

밭에서 자라는 작물은 양배추일까 양파일까. 희미한 바람이 퇴비며 채소 찌꺼기 냄새를 실어 온다.

눈부신 초록색 풀이 농로를 따라 빽빽이 자라고 붉은 클로버 꽃이 흐드러지게 피었다. 광활한 농지 여기저기에 엇비슷해 보이는 작은 잡목림 몇 군데가 동글동글 자리잡고 있다. 솔숲이다.

왜 농지 한가운데 작은 잡목림이 있는지 알 수 없다. 예전에 어른들은 '고분터'라고 했다. 옛날 이 근방에서 크고 작은 고분이 많이 발굴되었다고 한다. 발굴된 고분터에 자연스럽게 잡목림이 생겨났지만, 굳이 벌채할 필요가 없어 그냥 두었던 모양이다.

무연고묘라는 설도 있지만 주로 이 지역 아이들이 지어낸 근거 없는 풍문에 불과하다. 어느 숲을 살펴봐도 무덤의 흔적이 없어 아무도 그 풍문을 믿지 않았다.

요즘 같은 철이면 작은 잡목림 가운데 몇 곳에는 어김없이 매미 떼가 모여든다. 그러고 보니 매년 5월 말부터 6월 중순까지 이 소리를 들었지, 하며 그리운 마음으로 떠올렸다.

벌써 몇 년째 듣지 못했는지, 어릴 때는 맴맴 소리를 들어도 매미 잡으러 갈 생각밖에 없었는데.

그리운 봄매미가 지금 미친 듯이 울고 있다. 잡목림은 그리 넓지 않아도 방대한 매미가 모이므로 우는 소리가 굉장하다. 끊일 새 없이 이어지는 무수한 개구리들의 울음소리와 닮았다.

봄매미는 몸집이 작고 날개가 투명한 아름다운 매미다. 몇 마리만 올 때는 쓰르라미와 비슷한 애절한 소리가 되지만 거대한 집단을 이루면 가련한 모습으로는 상상도 할 수 없을 만큼 커다란 볼륨을 만든다. 이 나무 저 나무에서 경쟁이라도 하듯 울어 대면 그야말로 대합창이 된다.

그는 매미들의 합창에 귀를 기울이며 느린 걸음으로 오래된 한 줄기 농로를 걸었다. 매미 소리 사이로 근처 나무에서 지저귀는 다양한 들새 소리도 섞인다. 먼 산을 지나가는 바람이라고도 할 수 없는 공기의 술렁임이 느껴진다. 우러르는 눈에 파란 하늘이 비친다. 새소리는 여기저기서 들리는데 하늘을 나는 새는 보이지 않는다.

지구상에 홀로 남겨진 기분이다. 그런데 조금도 외롭지 않다. 기분 좋은 풍경이다. 기분 좋은 길을 걷고 있으니까. 아무도 없다는 것이 이토록 기분 좋은 일임을 그는 잊고 있었다.

지금 걷고 있는 외길은 어디로 이어지지? 통 기억이 나지 않는다. 시험 삼아 오랜 기억을 헤집어 보았다.

어딘가에서 다른 농로와 이어졌나? 농로의 끝자락에서 넓은 지방도로가 나오고, 지방도로는 이곳 시골 마을 중심부로 이어지지 않았나? 아니, 앞쪽은 그냥 막다른 곳인가? 그 너머는 초목으로 뒤덮인 험악한 벼랑으로 이어졌던가?

모호하다. 마치 기억에서 그 부분만 깨끗이 누락된 것 같다.

하지만 아무렴 상관없는 일처럼 느껴졌다. 온도와 습도도 딱 좋았다. 햇살은 강하지만 땀이 날 정도는 아니고 피부에 닿는 공기는 더없이 상쾌했다.

이대로 시간을 망각한 채 어디까지라도 계속 걸어갈 수 있을 것 같았다. 그러고 싶었지만 그는 스스로를 타일렀다. 이러고 있을 시간이 없다.

돌아가는 급행열차 표를 내려올 때 미리 사 두었다. 하루 네 편밖에 없는 특급 열차다. 오후 3시 38분 발 열차를 놓치면 완행으로 주요 역까지 가서 환승하거나 밤까지 기다렸다가 마지막 특급 열차를 타는 수밖에 없다. 어느 쪽을 선택하든 도쿄 집에는 심야가 지나서야 도착하고 만다.

내일은 아침 일찍 중요한 회의가 잡혀 있다. 무슨 일이 있어도 출근해야 한다. 회사 업무에 쫓기며 악착같이 일만 하는 매일이었다. 업무량이 많고 책임져야 할 일뿐이어서 좀처럼 당당하게 휴가를 쓰지 못했다. 토요일과 일요일도 온전히 쉬지 못할 때가 있다.

한데 어머니 유품을 정리한다는 이유로 평일에 이틀이나 휴가를 썼다. 지금 다니는 직장에서는 좀처럼 누리기 힘든 일이다. 요행이라고 할까.

그의 직속 상사도 1년쯤 전에 모친을 병으로 여의었다. 모친을 자택으로 모시고 공공 서비스를 통해 간병했다는 독신의 상사는 부하의 부모가 병에 걸렸거나 타계했을 때만큼은 아량을 보여주었다.

기분이 좋지 않을 때는 사소한 일로도 부하들에게 싫은 소리를 하고 툭하면 소리를 질러 젊은 신입을 울리기도 하는 상사지만, 부하 입에서 부모, 질병, 간병, 죽음이라는 단어만 나오면 사람이 달라진 것처럼 살갑게 대해 준다.

안 그래도 유품 정리는 쉽지 않은 일이지, 게다가 외아들이지? 할일이 산더미 같을 거야, 좋아, 시간을 충분히 내서 다녀와, 회사일은 신경 쓰지 않아도 되니까…….

싫은 소리 한 마디 하지 않았다. 오히려 진심으로 그를 동정하고 응원하는 모습을 보여주었다.

그는 상사에게 고맙다고 말하고 이틀 휴가를 냈다. 그리고 토요일 오후 이곳에 내려와 일요일과 월요일에 유품을 정리하고 화요일 밤에 도쿄로 돌아가기로 했던 것이다.

도쿄로 출발하기 전, 고인이 된 어머니 집에 짐을 놔두고 밖으로 나와 마냥 걷기 시작한 까닭은 그저 주위 풍경이 그리웠기 때문이다. 예전과 조금도 달라지지 않았다.

그는 농로를 걷다 멈추고 지나온 길을 돌아다보았다. 길게 뻗은 농로 처쪽에 방금 나선 어머니의 집을 에워싼 나무들이 보이지 않는다. 집을 나와 걸은 지 몇 분밖에 안 된 것 같은데 의외로 멀리 와 버린 모양이다.

그는 손목시계를 들여다보았다.

시계 문자판에 햇빛이 난반사되었다. 너무 눈이 부셔 문자판의 바늘이 보이지 않는다.

자세를 바꾸고 실눈으로 다시 시각을 확인하려고 했다. 그 직후였다. 몸속에 정체 모를 차가운 무언가가 지나간 것처럼 느껴졌다. 그는 손목시계에서 눈길을 떼고 조심스레 얼굴을 들었다.

조금 전까지 그토록 시끄럽게 울어 대던 봄매미 소리가 들리지 않는다. 아무리 귀를 기울여 봐도 매미 소리는커녕 새소리도 들리지 않았다. 바람 소리도 잦아들고 공기의 흐름도 멈춘 듯하다. 마치 텔레비전 리모컨의 무음 버튼을 눌렀을 때처럼.

하지만 눈에 비친 풍경에는 아무런 변화가 없다. 밭도, 농로도, 화사하게 핀 빨간 클로버 꽃도, 멀리 보이는 하얀 산딸나무도, 구릉도, 솔숲도, 발치를 기어 다니는 개미 행렬도 그대로 있었다. 날씨가 급변한 것도 아니다. 하늘은 온통 푸르고 태양을 가리는 구름 한 점 없이 피부로 느끼는 기온과 습도까지 전부 똑같다.

그는 짐짓 헛기침을 해 보았다. 자신의 기침 소리가 귀에 똑똑히 들어왔다. 귀는 문제가 없는데.

문득 언짢은 기분에 사로잡혔다. 어느새 겨드랑이에 땀이 차는 것이 느껴졌다.

봄매미 소리가 어쩌다 그쳤을 뿐인데 뭘 이렇게 겁을 먹나. 별일 아냐, 우연이야, 하며 그는 스스로를 달랬다. 필시 매미 떼를 위협하는 커다란 새가 가까이 날아가는 바람에 겁이 많은 매미가 일제히 소리를 멈추었겠지…….

하지만 그렇게 생각하면서도 그는 이미 보고 있었다.

걸어온 길이 아니라 앞으로 가고자 하는 길, 똑바로 뻗은 농로 저쪽에 사람 그림자가 나타났다. 처음에는 너무 멀어서 까만 콩알처럼 보였지만 이내 기모노를 입은 여인이 보였다.

작고 하얀 양산을 들고 있고 얼굴은 보이지 않는다. 기모노는 매우 연한 갈색. 오비도 비슷한 색깔이며 헐렁하게 입어서 가슴께가 조금 깔끔하지 못하다. 그런 세세한 것까지 알아볼 수 있었던 까닭은 여인이 걷는 속도가 이상하게 빨라서 이쪽으로 확확 다가온 탓이다.

다만 미끄러지듯 품위 있게 걸어서인지 아니면 착시 때문인지 전혀 잰걸음으로 걷는 것처럼 보이지는 않았다. 그런데도 여인은 어느새 그의 눈앞에 와 있었다.

양산으로 얼굴을 가리고 있다. 발에는 조리를 신었지만 버선은 신지 않은 맨발이다. 나이는 알 수 없다. 가늘고 작은 체구를 가진 여인이었다.

입고 있는 기모노도 오비도 매우 낡아 보인다. 박물관 같은 곳에 전시된 낡고 헤진 기모노 같다. 그런데 작은 양산만이 새것처럼 하얗다.

그는 걸음을 멈춘 채로 가만히 서 있었다. 여인은 그를 전혀 의식하지 않는 모습이었다. 적어도 스쳐 지나가면서 인사를 하거나 눈인사를 건넬 기미가 전혀 없었다.

신발이 지면을 밟는 소리가 들리지 않는다. 기모노도 스치는 소리를 내지 않는다.

뭐지 하고 생각한 순간, 눈앞에서 하얀 양산이 뒤로 휙 넘어갔다. 마치 한 줄기 바람에 날아가는 듯했다.

온화하고 맑은 6월 하늘 아래 한 여인의 머리가 선명하게 그의 눈으로 날아들었다.

머리를 뒤에서 한데 모아 경단처럼 작고 빈약하게 틀어올렸다. 머리카락은 칠흑빛이지만 윤기가 전혀 없다. 낡고 곰팡이 핀 가발을 쓰고 있는 것처럼 보인다.

여인은 얼굴에 반야면전통 가면극 노能에 등장하는 가면 가운데 하나로, 질투나 원망이 가득 찬 여자 귀신의 얼굴이며, 두 개의 뿔이 달린 무서운 인상이다을 쓰고 있었다. 왜 그런 가면을 쓴 채로 양산을 들고 인적이 드문 농로를 걷고 있는지 영문을 알 수 없었다. 알고 싶지도 않았다.

반야면을 쓴 얼굴을 똑바로 정면으로 향한 채 여인이 조용히 그와 스쳐 지나간다.

그는 그 자리에 얼어붙었다.

혼자 살던 구니히코의 모친이 자택에서 숨을 거두었다. 이를 발견한 사람은 그의 처 레이코였다.

아직 추위가 가시지 않아 온풍기를 틀어 놓고 제일 높은 온도로 설정한 고타쓰에 반신을 집어넣은 채 웅크린 몸은 부패가 시작된 상태였다. 사인이 명확하지 않아 부검해 보니 급성심부전으로 사후 나흘이 지난 상태였다.

현관을 열 때부터 악취가 났어, 라고 레이코는 말했다. 악취가 얼마나 불쾌했는지를 말할 때 레이코는 몇 번이나 "토할 것 같아"라며 미간에 주름을 깊이 모았다. 그러면서도 이야기를 그치지 않았다.

역시 당신이 보러 갔어야 하는 건데. 왜 내가 그걸 발견했어야 하는데? 왜 나야? 보고 싶지 않았어, 평생 잊히지 않을 거야…… 그렇게 말하며 눈물을 글썽일 때 그는 진심으로 동감하며 미안해했다.

설마 어머니가 돌아가실 거라고는 생각하지 않았지만 마음속 어딘가에서는 있을 수도 있는 일이라고 염려했었다. 아내를 보내는 게 아니었다. 역시 직접 갔어야 했다.

다만 아내의 심정은 이해하면서도 한편으로 왜 이런 식으로밖에 말하지 못할까, 사람이 죽었지 않은가, 당신하고는 원만하지 못한 시어머니였는지 모르지만 그래도 당신한테 요만큼도 신세를 진 적이 없지 않은가, 불쌍하다는 말 한 마디쯤은 할 수 있는 것 아닌가, 하며 아내를 질책하고 싶어 견딜 수 없었다. 애초에 부부

금슬이 좋지 않았지만 어머니가 돌아가신 뒤로 더 나빠진 것 같았다.

그해 2월, 구니히코가 1박 2일 삿포로 출장에서 돌아오자 어머니가 부친 지역 특산물 사과가 한 박스 도착해 있었다. 사과는 3월이 되면 맛이 뚝 떨어지니까 식구들끼리 바로 먹으라고 쓴 간단한 메모가 들어 있었다.

아내 레이코는 상대의 배려에 이상할 만큼 철저하게 대응한다. 뭔가를 받으면 그날 중으로 전화해서 고맙다는 인사를 해야 직성이 풀린다.

어젯밤 9시쯤이었나, 전화를 했는데 어머니가 받질 않았어, 라고 레이코가 말했다. "휴대폰도 집 전화도. 그래서 오늘 낮에 다시 걸어 보려고 했는데 이래저래 바빠서 걸지 못했네. 그러니까 당신이 사과 잘 받았다고 지금 전화해 볼래?"

어머니는 밤중에 집을 비우는 일이 거의 없는데, 라고 생각하긴 했지만 그다지 걱정하지는 않았다. 어머니는 동네에서 요리 교실을 운영하는 연하의 여성과 친하다. 이혼한 지 얼마 안 되는 사람으로, 어머니를 집으로 불러 수제 과자 따위를 대접하곤 한단다. 아마 어머니는 간밤에도 손수 경차를 운전해서 그이의 집에 갔겠지, 라고 구니히코는 짐작했다.

사과를 잘 받았다는 보고야 언제든 할 수 있다. 더구나 상대는 어머니다. 전화를 안 한다고 무슨 문제가 생기는 것도 아니다. 잘 도착했는지 걱정되면 어머니가 먼저 전화하시겠지.

출장에서 막 돌아온 참이라 피곤했다. 어머니에게 전화해서 사과 잘 받았다고 전하는 일이야 아무렴 어떠랴. 빨리 목욕을 마치고 맥주를 마시고 싶었다.

그는 아내에게, 내일이라도 내가 전화해 볼게, 라고 말했다.

하지만 이튿날 구니히코는 깜빡하고 말았다. 회의, 상담, 외근, 다시 회의……의 연속이라 점심도 제대로 챙겨 먹지 못한 하루였다.

전화했지? 하고 레이코가 물은 것은 그날 저녁이었다.

"누구한테?" 하고 그는 물었다. 묻는 동시에 떠올랐다.

"누구긴, 어머니한테지." 레이코가 무서운 얼굴로 말했다.

아차, 깜빡했네, 라며 쓴웃음을 짓고 뒤통수를 긁적이는 시늉을 해 보였다. 아내의 부탁을 깜빡할 때면 그는 늘 그렇게 해 왔다. 레이코는 무슨 사정이 있든 약속을 어기거나 지키지 않은 사람을 벌레 대하듯 한다. 그래서 구니히코는 뒤통수 긁적이는 것이 습관처럼 되었다.

"당신, 오늘 아침에도 어머니가 보낸 사과 먹었잖아. 그때 생각 안 났어?"

이유를 대거나 변명을 하면 어떻게 되는지 잘 알고 있었다. 그는 냉큼 "미안, 지금 할게" 하며 휴대폰을 꺼냈다.

혼자 사는 일흔다섯의 어머니는 오래전부터 휴대 전화를 능숙하게 다룬다. 작년에는 스마트폰으로 바꾸어 금세 사용법을 익혔다.

스마트폰과 집 전화에 둘 다 걸어 보았지만 그날 저녁에도 어머니는 받지 않았다.

"이상하네. 이 시간에 받지 않을 리도 없고, 밖에 계신다고 해도 휴대폰을 두고 나가셨을 리가 없는데."

이미 밤 11시였다. 레이코가 "목욕 중이신지도 모르지"라기에 구니히코는 30분쯤 지나서 다시 전화해 보았다. 어머니는 역시 받지 않았다.

부재중 메시지에, 편할 때 전화 달라는 말을 녹음해 두었다. 문자도 따로 보냈다.

하지만 그날 밤은 물론이고 이튿날 오후가 되도록 연락이 없었다. 불길한 상상이 구니히코의 마음에 부풀어 올랐다.

어머니는 젊어서부터 살이 쪄 병원에서 고혈압과 부정맥을 진단받았다. 전에도 갑자기 컨디션이 나빠져 택시를 불러 병원으로 달려가곤 했다.

만약 상태가 악화되어 스스로 구급차를 불렀다면 병원에서 아들인 구니히코에게 어떻게든 연락했을 것이다. 아무 연락도 없었으니 병원이 아니라 집에 있거나 바깥 어딘가에서 행방을 알 수 없는 상태라는 말이 된다.

구니히코는 요리 교실을 운영한다는 여성의 연락처를 인터넷 검색으로 찾아보았다. 다행히 그녀는 요리 교실 홈페이지를 운영하고 있었다.

소녀 감성이 물씬 풍기는 컬러풀한 홈페이지에서 전화번호를 알아내고 연락하자 당사자가 금방 받았다. 요즘 한동안 너무 바빠 어머니를 만나지 못했다, 연락도 못하고 있다고 그녀는 말했다.

혹시 가능하면 어머니 댁을 방문해서 상황을 살펴봐 주었으면 좋겠다는 말이 목까지 올라왔지만 구니히코는 당황하며 얼른 삼켜 버렸다.

어머니와 얼마나 가까운지 모르니까. 그녀와 자주 어울렸더라도 정말 친했다고 장담할 수는 없다. 뭘 부탁해도 괜찮은 상대인지 어떤지 분명하지 않았다.

"무슨 일이 있나요?"라고 묻기에 구니히코는 당황해서 "아뇨, 별로"라고 답했다. "좀 급한 일이 있어서 연락하고 싶은데 통화가 안 되네요. 혹시 거기에 계신가 싶어서요."

여자는 영 의아해하는 눈치였지만 더는 묻지 않았다.

마침 회사가 한창 바쁜 때라 그가 직접 어머니 안부를 확인하러 갈 여유는 없었다. 게다가 외아들이어서 달리 부탁할 만한 형제자매도 없다. 외가 쪽 친척은 있지만 다들 멀리 살고 왕래도 드물다.

아내에게, 미안하지만 어머니 집에 가서 안부를 확인해 주지 않겠느냐고 부탁했을 때 레이코는 노골적으로 언짢은 표정이 되었다.

"내가? 혼자?"

"내가 갈 수 없어서 그래. 중요한 회의와 연수회가 매일 잡혀 있거든. 빠질 수가 없어."

"이번 주말에 당신 혼자 가 보면 되잖아."

"주말까지 기다리라고? 연락이 안 되는 상황인데?"

"경찰에 부탁하면 돼. 그게 더 빠르잖아?"

귀찮은 일이 생기면 주변에 부탁할 뿐 결코 직접 움직이려 하지 않는 레이코의 평소 성격이 엿보여서 구니히코는 내심 짜증이 났다.

"치매라면 몰라도 아직은 차를 끌고 여기저기 다닐 만큼 건강하셔. 그런데 며칠 연락이 되지 않는다고 경찰에 신고를 해? 더군다나 평소 자주 전화 통화를 한 것도 아닌데. 경찰 신고는 일러. 그 전에 우리가 해 볼 수 있는 일이 많아."

레이코는 문득 표정을 없애고 그를 힐끗 노려보았다. "당신, 꼭 이럴 때만 여유로운 척하더라."

"무슨 말이야?"

"미나가 열을 펄펄 내며 경련을 일으켰을 때도 그랬잖아. 내가 놀라서 당신 휴대폰으로 연락했는데 계속 받지도 않았지. 겨우 받았다 싶어서 미나가 위험하다고 알려줬을 때 당신 뭐라고 했는지 기억해? 태평한 목소리로, 괜찮아, 라고 했잖아. 대체 뭘 근거로 괜찮다는 건지 알 수가 없었어. 당신은 그저 그런 일에 말려드는 게 귀찮았을 뿐이야. 딸이 열이 펄펄 나든 경련을 일으키든 괜찮다는 말로 얼버무려서 다른 사람한테 떠넘기고 싶어 했잖아."

오래전 이야기였다. 딸 미나가 세 살인가 할 때니까 14, 15년 전이다.

구니히코가 퇴근길에 종종 들르는 주점에 모처럼 마음이 잘 맞고 외모도 딱 취향인 종업원이 들어와 그만 깊은 사이가 되었다. 상대는 그때 겨우 스물둘이었다. 그녀는 '나이 차이 많이 나는 오빠 같다'며 응석을 부렸고 곧 그보다 더 적극적이 되었다.

그쯤에서 그쳤으면 좋았을 텐데 마침내 그녀는 상대가 유부남이라며 한탄하기 시작했다. 구니히코가 아내나 딸 이야기를 할 때마다 '우리는 만나서는 안 되었던 거네'라며 눈물을 지었다.

그런 그녀가 귀엽다가도 조만간 헤어질 때는 몹시 귀찮아지리라 짐작하고 있었다. 그런데도 관계를 끊지 않고 질질 끈 까닭은 역시 나름의 매력이 있는 여자여서 놓치기가 아까웠기 때문이다.

미나가 경련을 일으키고 있다는 아내의 전화를 받았을 때 그는 그녀와 시부야의 싸구려 호텔 객실에 있었다.

이러다 딸이 죽지나 않을까 하는 걱정에 졸도할 지경이었지만 옆에 여자가 있는 만큼 애써 태연한 척했다. 그 결과가 "괜찮아"라는 참으로 얼빠진 대답이 되고 말았다.

하지만 속으로는 다급했다. 당장 호텔 객실을 뛰어나가 택시를 잡아타고 집으로 돌아가려면 지금 눈앞에 있는 여자에게 뭐라고 해야 할까. 딸이 경련을 일으켜 아내가 패닉에 빠졌다고 솔직하게 말할까. 아니면 여자가 불쾌하지 않도록 거짓말을 꾸며내어 넘겨야 할까.

결국 그는 상황을 솔직하게 말하고 옷을 입기 시작했다. 여자는 말로는 "걱정이네요"라면서도 맨가슴을 가리려고 하지도 않고 가련한 표정으로 눈물을 글썽였다.

제발 이럴 때는 울지 말아 줘, 라고 부탁하며 그는 침대에 있는 여자를 가볍게 안아 주었다. 여자는 어미에게 매달리는 새끼 고양이처럼 손톱을 세우고 그의 등을 꼭 안았다. 그때 생긴 손톱자국은 훗날 레이코가 쏘아붙이는 비난에 어김없이 등장하곤 했다.

"또 그 얘기." 그가 내뱉듯이 말했다. "이젠 좀 그만하지."

"좋아. 그만할게. 하지만 어때? 딱 맞췄지?"

"맞췄다니, 뭐가?"

레이코가 눈을 바쁘게 깜빡이며 뭔가 말하려는 듯이 입을 달싹였지만 아무 말도 하지 않았다.

"그 일이라면 헤아릴 수도 없을 만큼 사죄했잖아. 지금 또 사죄하라고? 언제 적 얘기를 가지고 자꾸……."

"뭘 잘했다고 큰소리야? 바람피우고 그 소란을 일으키더니 떼어내기는커녕 질질 끌다가 나를 그렇게 울려 놓고. 뭐가 그렇게 떳떳해."

"아, 알았어, 알았어." 레이코에게 얌전히 두 손바닥을 내보이며 휴전 표시를 해 보였다. "그래, 잘못했어. 알아. 미안해. 이렇게 사과할게."

아내를 향해 과거의 외도를 다시 사죄하는 남편이라는 설정을 반복한다. 사죄하고 사죄하고 또 사죄하다가 인생을 마치겠지. 이것이 내 인생인 거다.

"진짜야." 그는 내심 폭발하려고 하는 감정을 억제하며 말했다. 아내한테 폭발해서는 안 된다. 그랬다가는 간신히 지탱하고 있는 일상이 망가져 버린다.

"당신을 화나게 할 생각은 전혀 없었어. 미안해. 그럼 이렇게 하자. 내일은 아무래도 어렵지만 모레라면 어떻게든 반차라도 낼 수 있을 거야. 아니, 무슨 일이 있어도 내가 휴가를 내서 상황을 확인하고 올게. 아무 일도 없다면 다행이고 헛걸음이 되더라도 상관없지."

팽팽하게 당겨졌던 것이 갑자기 풀어지듯 레이코는 후우 하고 숨을 토했다. 험악하던 표정이 조금 풀렸다.

"……됐어. 내일 내가 일찍 다녀올게."

"아냐, 괜찮아. 신경 쓰지 마. 내가……."

"아니, 내가 갈게. 내일은 미나가 학교에서 일찍 돌아오는 날이지만, 괜찮아. 식사 준비를 해 두고 혼자 먹으라고 일러둘게."

어딘지 가시가 돋친 말투였지만 레이코가 가 주겠다면 더할 나위가 없다.

어머니 집 현관과 통용문의 보조키는 오래전에 만들어 두었다. 멀리 사는 어머니에게 무슨 일이 생길 때를 대비해 보조키를 마련해 두길 다행이라고 생각하며 구니히코는 거실 캐비닛 서랍에서 열쇠를 꺼내 레이코에게 건네주었다.

"일단 열쇠를 가져가야겠지만 아마 필요 없을 거야."

"그래야지."

"태평한 얼굴로 나와서 아이구 무슨 일이니, 레이코, 하고 말씀하실 거야, 틀림없이."

"그렇게 되지 않으면 큰일인데."

"아마 스마트폰이 고장 났거나 어떻게 됐었겠지. 민폐가 이만저만 아니지만, 만에 하나라는 경우도 있으니까. 잘 부탁해. 미안하고."

알았어, 하고 레이코는 얌전한 투로 대답하더니 양쪽 눈썹을 높이 올린 채 그에게서 시선을 거두고 거실을 나갔다.

구니히코의 증조부는 예전에 이 지역의 대지주였다. 근방의 농토는 물론이고 멀리 솟은 작은 산까지 증조부 소유였다는 이야기를 어머니에게 들은 적이 있다.

하지만 조부 시대에 상황이 일변했다. 야심가였던 조부는 사업에 번번이 실패했고, 땅을 팔아치우는 것 말고는 막대한 손실을 메꿀 방법이 없었다. 그 결과 일찍이 그토록 넓었던 땅은 잇달아 별장지나 일반 기업의 소유지로 변하여 흔적도 없이 사라졌다.

조부는 남은 땅이라도 지키려고 노력하기는커녕 별장지 개발을 노리는 대형 부동산 회사에 아낌없이 매각해서 자금 운용에 충당했다. 모든 사업이 참담한 결과로 끝나자 결국 볕은 잘 들지만 농지도 별장지도 아닌, 한가로운 농로를 끼고 있는 300평쯤 되는 땅만 남았다.

구니히코는 그 땅에 지은 집에서 태어났다. 같은 지역 공립중

학교에서 일본사를 가르치던 아버지는 사업이나 부동산 투자에 관심이 없었다. 나중에 결혼한 어머니하고는 학교끼리 교류하는 친목회에서 만났다고 들었다. 어머니는 이웃 마을 중학교의 수학 교사였다.

당시 구니히코의 집 주변에는 또래 아이들이 많이 살았다. 학교가 쉬는 날이나 긴 여름방학이면 아침부터 밤까지 함께 놀 동무가 부족하지 않았다. 집게벌레도 잡고 캐치볼도 하고 근처 공터에서 야구를 하거나 곧장 뻗은 농로에서 누가 제일 빨리 달리는지 겨루는 일로 하루하루를 보냈다.

부모가 모두 교사였지만 아들 구니히코가 밖에서 놀기만 하고 공부를 소홀히 해도 뭐라고 귀찮게 잔소리하는 일이 없었다. 아버지는 자기 세계에 잠겨 조용히 책을 읽거나 상념에 빠지는 일이 많았고, 통통하고 명랑한 어머니는 아들의 생활에 일체 간섭하지 않았다.

농로 옆 집…… 그가 태어나고 어린 시절을 보낸 그 집에는 나쁜 기억이 전혀 없었다. 생각나는 것은 계절과 함께 변해 가는 자연 풍경, 바람 소리, 비가 개면 밭에서 풍겨오는 흙냄새, 여름날 오후 툇마루에서 간식 삼아 먹던 토마토의 맛, 덤불에서 무수한 벌레들이 우는 소리, 아이들의 환호…… 그런 것들이다.

다만 잊을 수 없는 불가해한 기억도 하나 있었다.

그가 농로에서 놀다 왔다고 하자 어머니는 마뜩찮은 얼굴로 조금 안절부절못하는 기색이었다. 어린 그는 까닭을 알 수 없었다.

어느 날 툇마루에서 강낭콩을 까고 있던 어머니에게 그가 농로
에서 놀던 이야기를 할 때였다. 농로를 한참 걷다가 등에 무지갯
빛 선이 보이는 도마뱀을 잡았다고 자랑하자 어머니가 문득 손길
을 멈추고 아들을 쳐다보았다.

"너 혼자였니?"

"응?"

"도마뱀 잡으러 너 혼자 농로를 걸어갔던 거야?"

"응."

"얼마나 걸었니?"

"그건 모르겠고…… 늘 가던 곳보다 훨씬 멀리 갔던 것 같은
데."

"애야, 구니히코." 어머니는 안경을 벗고 숨을 크게 들이마셨
다. "여기 농로는 말이다, 너무 멀리까지는 가지 마라. 그리고 농
로에서 놀지 말고, 또 가능하면 혼자서는 놀지 마라."

"왜?"

"왜냐면……" 하고 어머니는 말끝을 흐렸다. "친구들과 함께라
면 괜찮아. 하지만 혼자는 좋지 않아. 그리고 아주 멀리까지 가지
는 말아라."

"그러니까 왜냐고."

어머니는 곤혹스러운 듯 아들에게서 눈길을 피했다. "……썩
보고 싶지 않은 것을 보게 될지도 모르니까."

"그게 뭔데."

"그게 뭔지는 엄마도 몰라."

"도깨비?"

"아니야."

"그럼 뭔데?"

"글쎄, 뭘까."

"엄마는 그걸 봤어?"

잠시 후 어머니가 가만히 고개를 끄덕였다.

"봤구나. 역시 도깨비겠지? 남자 도깨비? 여자 도깨비? 아니면 동물 도깨비?"

어머니는 날카로운 눈빛으로 아들을 보며 말했다. "아무튼, 농로에서는 멀리까지 혼자 가면 안 돼. 알겠니?"

그리고 강낭콩이 수북이 담긴 바구니를 들고 화난 것처럼 일어나 말없이 부엌으로 들어갔다.

이상한 이야기를 들은 것은 그때 한 번뿐이었다. 그 후 어머니는 두 번 다시 그 말을 꺼내지 않았고 그도 묻지 않았다.

확인해 보고 싶은 마음은 있었다. 하지만 매사 빠릿빠릿 움직이고 걱정거리도 대범하게 웃어넘기며 어떤 일이든 합리적으로 해석하려는 어머니가 그런 이야기를 했다는 것이 그는 의아했다.

어머니는 논밭 가운데 점재해 있는 잡목림이 무연고 묘터라는 동네 아이들의 풍문을 늘 웃어넘겼다. 학교 뒤 벼랑에 있는 동굴에서 여자 유령이 나타난다거나 체육관에서 예전에 목을 맨 잡무 담당 아저씨가 괴로워하는 목소리가 들린다는 괴담에도 어머니는 혹하지 않고 "어두운 동굴이어서 착시가 일어나기 쉬울 뿐", "체육관은 소리가 울리니까 사람 목소리도 그렇게 들렸을 것"이라며 여유롭게 웃는 사람이었다.

어머니가 농로에서는 멀리까지 가지 말라고, 농로에서 혼자 놀지 말라고 한 것은 아무도 없는 농로는 여러 모로 위험하다, 이상한 자가 나타나면 큰일이라는 의미였을 거라고 생각하게 되었다. 그리고 어머니와 그런 대화를 나눈 기억조차 점차 잊혀졌다.

초등학교를 졸업하자 그는 부모와 함께 도쿄로 이사했다. 적당한 연줄이 닿은 도쿄의 유명 사립학교에서 아버지에게 중등부 교직을 제안했던 것이다. 아버지는 기꺼이 응했고 본래 도쿄 출신이었던 어머니는 더욱 기뻐하며 교직을 그만두고 전업주부가 되었다.

대지주의 손자이면서도 부동산에 통 관심이 없던 아버지였지만 자연환경이 풍부하게 남아 있는 농로 변 토지와 집에는 역시 미련을 보였다. 아버지는 언제든 가족이 원할 때 돌아갈 수 있도록 해 두자며 도쿄로 이사하기 전에 별장 관리회사와 계약하여 주택 관리를 맡겼다.

가족의 새 주거는 도쿄 시내의 아담한 셋집이었다. 구니히코는 그 집에서 구립 중학교에 다니다가 도립 고교에 진학하였으며 1년 재수하여 도내 사립대학에 입학했다.

한데 구니히코가 대학에 입학한 직후 아버지의 여자 문제가 터졌다.

상대는 아버지가 근무하는 사립학교에서 음악을 가르치는 20대 후반의 교사로 3년 전에 부임했다고 한다. 곱게 자란 탓인지 그냥 둔감한 탓인지 아버지에게 장문의 편지를 보냈는데, 마침 비에 젖어 봉투가 찢어진 탓에 어머니가 내용물을 읽었고, 그래서 아버지의 외도가 너무나 쉽게 알려지고 말았다.

같은 직장이므로 연애편지 정도는 일터에서 건네주면 될 텐데, 그렇게 하지 않은 것은 아내인 나에게 사실을 알리고 싶었던 게지, 정말 가증스러운 여자네, 라고 어머니가 울면서 아버지에게 소리쳤고, 구니히코는 다른 방에서 가만히 듣고 있었다.

어머니가 읽은 편지에는 음악회를 보고 돌아오다가 히비야공원 벤치에서 첫 입맞춤을 하던 일, 하코네 온천에 함께 묵은 일, 만나지 못하는 날에는 만나지 못하는 괴로움에 좀처럼 잠을 이루지 못한다는 내용이 자못 로맨틱한 투로 장황하게 적혀 있었고, 덤으로 도쿄역에서 출발하는 도카이도 신칸센 지정석 차표까지 동봉되어 있었다. 행선지는 교토였다.

오사카로 출장 간다는 것도 거짓말이구나, 하며 어머니가 소리를 지르고, 엉엉 소리 내어 울고, 앓는 소리를 내고, 남편을 욕하는 소리가 온 집 안에 울려 퍼졌다.

아버지는 미안하다고 사죄하는 말을 반복하다가 아무 해명도 없이 입을 다물어 버렸다. 입을 다물어 버린 아버지에게 어머니는 한동안 욕설을 날렸지만 어느 순간부터는 잠잠해졌다.

그리고 숨 막히는 정적이 집 안의 일상을 채우는 공기가 되는 데는 오랜 시간이 걸리지 않았다.

부모가 어떻게 타협했는지, 어떤 이야기가 오갔는지, 아버지가 음악교사와 무사히 헤어졌는지, 그는 묻지 않았다. 자기 인생을 사느라 바빴으니까. 부모를 걱정하며 마음고생하고 있을 여유가 없었다.

중고생 때는 아주 가끔이기는 해도 부모와 함께 농로 옆의 그 집에 내려가 묵었다. 별장으로 사용하는 집치고는 호사스러웠다. 무엇보다 구니히코 본인이 태어나고 자란 집이므로 그립기도 했다.

고교 시절에는 친구들과 합숙하며 노는 데 이용한 적도 있다. 아버지가 근처 골프장에서 골프를 칠 때 머물거나 어머니가 동창 가족을 초대하기도 했다.

하지만 아버지의 외도를 계기로 아버지나 어머니나 별장이 있다는 사실조차 망각한 듯했다. 가족이 그 집을 화제에 올리는 일도 없었다.

구니히코 역시 농로가 멀리까지 내다보이고 나무에 둘러싸인, 여름이면 뜰에 토마토, 오이, 가지가 열리던 저 행복했던 어린 시절을 상징하는 집이 있다는 사실을, 그 옆으로 난 기나긴 농로가 세상 끝까지 이어질 것처럼 보였던 풍경을 차차 잊고 말았다.

그가 대학을 졸업하고 1년 후 아버지가 병으로 쓰러져 임종을 맞았다. 몸속에서 날뛰는 암세포는 이미 손쓸 수 없는 지경이었다.

당시는 구니히코가 지금 다니는 회사에 취직해서 부모 슬하를 떠나 도내의 싸구려 연립주택에서 혼자 살기 시작할 때였다. 아버지는 장기간 입원한 상태에서 이름뿐인 치료를 받았지만 여명이 거의 남지 않았다는 것은 누가 봐도 분명했다.

그런 아버지를 병문안하러 갔을 때였다. 병실에 있던 어머니가 그에게 매점에 가서 뭘 좀 사오라고 시켰다.

아버지 눈이 눈곱으로 들러붙었으니 닦아 주어야겠다고 어머니는 말했다. 아무 억양도 없는 밋밋한 말투였다. 아이코튼이라는 제품인데, 눈가를 닦는 데 쓰는 액체에 적신 거즈를 매점에서 팔고 있을 거라고 했다.

마침 캔 커피가 마시고 싶던 참이었다. 구니히코는 눈을 감고 병상에 누워 있는 아버지에게 가볍게 한 마디 건넨 뒤 얼른 병실을 나와 지하 1층 매점으로 내려갔다.

아이코튼이라는 세척용 거즈는 팔지 않길래, 그걸 대신할 만한 제품을 찾느라 시간이 조금 걸렸다. 임종을 앞둔 환자 앞에서 캔 커피를 마실 수는 없으므로 그는 일단 병실 로비로 돌아와 방금 산 커피를 마시며 잠시 멍하니 앉아 있었다.

다 마신 커피 캔을 쓰레기통에 버리고 나서 무거운 마음으로 병실을 향해 승강기를 탔다.

아버지가 입원한 병실에서 막 의사가 나오는 모습이 보였다. 아버지의 주치의였다. 의사는 침통한 표정을 짓고 있었다.

구니히코와 눈을 마주치지 않으려 시선을 아래로 향한 채 의사는 잰걸음으로 떠났다. 복도에는 달리 아무도 없었다.

의사가 병실을 나오면서 제대로 닫지 않았는지 미닫이문이 반쯤 열려 있었다. 다가가 보니 병실 안의 침대 너머로 어머니가 보였다. 그는 그 자리에 멈춰 섰다가 얼른 미닫이문 뒤로 숨었다.

어머니가 아버지를 지그시 내려다보고 있었다. 침대에 누운 아버지는 뼈만 남은 거무튀튀한 얼굴을 천장으로 향한 채 마치 뒤로 젖힌 듯한 자세로 눈을 감고 있었다.

아버지를 내려다보는 어머니의 눈은 크게 열려 있고 눈초리는 치켜져 있었다. 어디서 본 적도 없을 만큼 무서운 형상이었다. 마치 반야면을 쓴 것 같았다.

어머니는 입술 가장자리를 크게 휘어 올리며 씩 웃었다. 빨갛고 커다란 입술이 천천히 귀까지 째지는 것처럼 벌어지는 모습이 똑똑히 보였다.

그때 그의 귀에 차마 입 밖에 나오지 못한 목소리가 들렸다.

꼴좋다.

어머니의 목소리였다.

그때 그는 어찌된 영문인지 어린 시절을 보낸 저 농로 변 집, 끝없이 곧게 뻗은 농로를 문득 떠올렸다. 썩 보고 싶지 않은 것을 보게 되니까, 라고 말하던 젊은 시절의 어머니 목소리가 귓가에 울렸다.

그는 병실 앞에서 몸을 돌려 뛰기 시작했다.

아버지가 세상을 떠난 직후 어머니는 구니히코에게 "나는 그만 그 집으로 돌아가야겠다"라고 말했다. 농로 변 집으로 돌아가 조용히 살고 싶다면서.

반대할 이유가 전혀 없었다. 구니히코는 막 업무에 재미를 붙이고 있었고, 레이코를 만나 기분 좋은 교제를 시작한 참이었다. 남편을 여읜 어머니가 앞으로 어떤 인생을 보내든 신경 쓰고 싶지 않았다. 어머니가 원하는 대로 하길 바랐다.

이사를 하겠지만 특별히 거들 것은 없다, 라고 어머니는 말했다. 어머니 말처럼 정말로 전혀 거들지 않았더니 어느 날 어머니에게 연락이 와서 벌써 여기에 자리 잡았으니 그리 알라고 했다.

목소리가 밝았다. 죽어가는 아버지를 내려다보며 꼴좋다, 라고 말하던 그 목소리가 아니었다.

……구니히코는 지금 농로에 꼼짝도 하지 않고 우두커니 서서 앞을 바라보고 있다. 옛 기억의 단편들이 쉴 새 없이 머릿속을 어지러이 오가고 있다. 또렷하게 살아나는 기억도 있고 전혀 의미를 알 수 없이 희뿌옇게 지나가 버리는 기억도 있다. 숨이 몹시 답답하다.

유품 정리는 담담하게 마쳤다. 낮에는 유품을 정리하고 해가 떨어질 즈음부터는 냉장고에 넣어 둔 맥주를 마시기 시작했다. 식사는 부엌 여기저기서 찾아낸 인스턴트 식품이나 냉동실에 있던 식재로 간단히 마쳤다.

목욕물 데우기가 귀찮아 샤워만 하고 어머니 집 서랍에 있던 손님용 담요를 깔고 잤다. 이불에서 살짝 곰팡내가 났다.

그 집에서 어머니가 죽었다는 사실은 전혀 개의치 않았다. 그도 어머니처럼 매사 합리적으로 생각하는 성향이었다.

앞으로 몇 번을 더 다녀가야 한다. 전기, 수도, 전화는 맨 나중에 해약해야 하므로, 집 안에서 할 일은 그 전에 마쳐야 하고, 그 뒤에는 집을 방치해 두었다가 때가 되면 매각하거나 철거해서 작은 세컨드하우스라도 지을까 싶었다.

하지만 세컨드하우스를 짓더라도 처자식이 기꺼이 그곳에서 함께 생활해 주리라고는 생각할 수 없었다. 짓는 것부터 어려울지 모른다.

어차피 유품 정리는 서두를 필요가 없다. 레이코나 미나가 도와줄 리도 없으니 이곳에 올 사람은 자기밖에 없었다.

나 편할 대로 하자. 그렇게 생각하며 이틀째를 보냈다.

미닫이 벽장이나 옷장 서랍을 열 때마다 그리운 기억이 살아나지만 그저 그뿐이었다. 특별히 감상에 빠지거나 하지는 않았다. 순리대로 부모가 먼저 죽었을 뿐이다. 인생은 이런 거다, 라고 그는 생각했다.

정적이 거슬려서 텔레비전을 켜 두었다. 요란한 광고나 버라이어티쇼를 딱히 들을 마음도 없이 흘려듣고 있자니 예전으로 돌아간 기분도 들었다. 당장이라도 부엌에서 통통한 어머니가 앞치마에 손을 닦으며 나와서 "고생했다. 커피라도 타 주랴?" 하며 웃는 낮으로 말할 것 같았다.

……막혀 있던 귀가 문득 열리는 느낌이 들었다. 갑자기 바깥 세상의 소리가 귀로 날아들었다.

봄매미의 합창이 시작되었다. 새들이 지저귀고 있다. 부드럽게 지나가는 바람이 잡목림의 나뭇잎을 끊임없이 흔드는 소리도 들렸다.

구니히코는 목울대를 꿀럭 움직여 침을 삼켰다.

꼼짝하기도 두려웠다. 하지만 마음을 굳게 먹고 뒤를 돌아다보았다.

직선으로 길게 뻗은 농로에 인기척은 없었다. 반야면을 쓴 섬뜩한 여자가 바로 옆을 지나간 지 몇 초밖에 지나지 않았다.

봄매미의 한층 드높아진 소리가 푸른 하늘 가득 울려 퍼졌다. 불길할 정도로 거대한 합창이었다.

엄청난 공포가 그를 덮쳤다. 온몸에 굵직한 소름이 돋는 것을 느꼈다.

어느 쪽으로 도망쳐야 할지 알 수 없었다. 오른쪽으로 가면 어딘가에서 아까 그 여자에게 따라잡히고 만다. 그렇다고 왼쪽으로 뛰자니 어디로 닿는지도 모르는 농로가 영원히 이어질 뿐이다.

여기는 어디냐! 대체 나는 어떻게 된 거냐!

그는 큰소리로 절규하며 실성한 사람처럼 밭으로 뛰어들어 퇴비 냄새 나는 땅을 넘어지고 자빠지며 달리기 시작했다.

**2
장**

———

숲
속
의
집 ◉

◉

도착할 때부터 가랑눈이 흩뿌리기 시작했어요.

하지만 추위는 그다지 느껴지지 않아요. 이 근방은 신슈에서도 북쪽에 자리 잡고 있어서 눈이 내리면 습도가 높아져 도리어 추위를 누그러뜨리지……. 예전에 쓰치야 씨가 그렇게 가르쳐 준 적이 있는데, 정말 그대로입니다.

겨울 숲 냄새가 납니다. 달고 찬 민트 같은 냄새입니다.

잎을 떨군 겨울나무들이 흐린 하늘을 향해 가는 가지를 무수히 뻗고 있는 게 보입니다. 땅에는 색색가지 낙엽이 두툼하게 쌓여 있습니다.

바람이 강한 날입니다. 어디서 불어오는 걸까요. 북쪽에 줄지어 있는 산 능선 너머에서일까요. 고오오— 하며 마치 하늘이 내는 듯한 소리와 함께 불어와 마른 낙엽을 허공에 띄웁니다.

바로 옆에서 새가 힘차게 울며 날아올랐습니다. 어치입니다.

어치는 숲에 서식하는 파란 날개를 가진 새. 생김새는 흠잡을 데 없이 아름다운데 우는 소리는 용서하기 힘들 만큼 걸쭉해서 금방 알 수 있습니다. 갸악갸악 하는 탁한 소리여서, 우리는 어치가 울면 "아 진짜 저 사람들 목소리 못 들어 주겠네" 하고 웃으며 흉을 봤습니다.

새나 동물을 의인화하여 '저 사람들'이라는 식으로 말하는 것이 우리들 사이에 유행했습니다. 누가 그렇게 부르기 시작했는지. 나는 아니니까 쓰치야 씨나 미사키 가운데 한 사람일 겁니다.

쓰치야 씨 부녀는 전부터 그런 재미난 발상을 하는 데 달인이었습니다. 누가 부녀지간 아니랄까 봐 호흡도 잘 맞았습니다.

어치나 박새를 '저 사람들'이라고 부르거나, 개미 행렬이 집 안으로 들어오는 것을 발견하고는 "이런, 또 이 사람들 때문에 마음 고생 하는 계절이 돌아왔네"라고 말하면 저희들까지 모두 숲속의 동물이 된 기분이어서 즐거웠습니다.

하지만 지금 나는 너무 긴장해서 까무러칠 것 같습니다. 두렵고 불안해서 견딜 수 없습니다. 그런데도 이 장소에 오게 되어 기쁩니다. 너무 기뻐 현기증이 날 지경입니다.

나는 심호흡으로 마음을 진정시키고 고개를 조금 숙인 채 천천히 산장으로 향했습니다.

벌써 몇 년 전부터 여기에 오고 싶어 견딜 수 없었습니다. 자나

깨나 이 장소…… 깊은 숲속에 조용히 자리 잡은 작은 산장을 그리며 살아 왔습니다. 산장을 극명하게 떠올리려고 골몰한 나머지 어느새 현실과 허구가 뒤죽박죽 되어 버려 내가 어디에 있고 어느 시간을 살고 있는지, 이런 당연한 것조차 알 수 없게 될 정도였습니다.

하지만 산장에 가고 싶은 간절한 마음은 늘 그걸 웃도는 공포와 불안에 박살 나곤 했습니다.

실제로 무엇이 무섭고 무엇이 불안한지 나도 잘 모릅니다. 내 오랜 친구 미사키와 그녀의 아버지 쓰치야 씨는 이 숲에 있는 산장에서 죽은 것이 아닙니다. 그러므로 산장을 찾더라도 즐거운 추억이 되살아날지언정 등골이 오싹해지는 섬뜩한 기분에 빠질 리는 없습니다.

두 사람은 여기서 차량으로 한 시간쯤 가야 하는 나지막한 산의 벼랑 아래 떨어져 죽었습니다. 마침 이 지방에도 벚꽃이 만개하는 철이었습니다. 벚꽃놀이 가는 쓰치야 씨와 미사키가 타고 있던 마이크로버스가 반대 차선에서 중앙선을 넘은 대형 트럭과 정면충돌했습니다. 그 충격으로 버스는 가드레일을 부수고 그대로 튀어 올라 벼랑 아래로 굴러 떨어져 불길에 휩싸였습니다.

지난 일, 일어나 버린 일을 받아들이는 것 말고는 살아갈 길이 없음은 알고 있지만 그때 일을 떠올릴 때마다 지금도 정신이 아뜩해집니다. 시간이 멈춰 버립니다.

덤불에 나뒹굴던 몇 구의 사체들이 마치 지금 이 순간 내 눈앞에 있는 것 같은 무서운 환영을 보고 맙니다. 사체들은 거의 전부가 까맣게 타 재가 되었습니다. 주변에는 잊을 수 없을 정도로 지독한 냄새가 언제까지나 감돌고 있었습니다.

나와 동갑인 미사키는 당시 서른. 미사키의 아버지 쓰치야 씨는 병으로 쓰러져 반신마비가 되기는 했지만 이제 겨우 환갑을 넘긴 건강한 사람이었습니다.

그로부터 15년이나 되는 세월이 흘렀는데도 나는 현실에서 일어난 일과 상실의 슬픔을 여전히 받아들이지 못하고 있습니다. 아무리 시간이 흘러도 돌이켜볼 때마다 같은 자리를 맴돌고 있을 뿐입니다. 앞으로 나가지 못하고 뒤로 돌아가지도 못하고 있습니다. 정말이지 구제할 길이 없는 인간이라고 스스로도 생각합니다.

산장 현관으로 이어지는 오솔길에도 빨간색 노란색 낙엽이 곱게 염색된 옷감 한 필처럼 소복이 쌓여 있습니다. 그곳을 지르밟으며 걷고 호흡을 가다듬고 침착하라고 스스로를 타이르며 산장 앞까지 도착해 조심스레 건물을 둘러보았습니다.

이내 만감이 밀려왔습니다. 가슴이 뜨거워지고 그 뜨거움이 목까지 차올라 와 나도 모르게 밭은기침이 터지려고 합니다. 무릎이 꺾이며 무너져 땅바닥에 양손을 짚은 채 짐승이 짖듯이 울어버리고 싶어집니다.

아아, 하고 나는 한숨 섞인 소리를 토했습니다. 양손으로 입을 막았습니다.

아무것도 변하지 않았습니다. 그 후로 오랜 시간이 흘렀는데도 산장은 기적처럼 전혀 변하지 않고 그 자리에 가만히 서 있습니다. 당장이라도 현관문이 열리고 쓰치야 씨가 "오오" 하며 조금 쑥스러워하는 얼굴을 내밀 것 같습니다.

일식과 양식을 절충한 구조로 낡고 작아서 다분히 서민적인 산장입니다. 다다미방 한 칸과 작은 서양식 방이 하나, 거기에 마루를 깐 거실. 쓰치야 씨는 미사키의 어머니와 이혼한 뒤 바로 이 산장을 구입했다고 들었습니다.

쓰치야 씨는 신슈에 있는 텔레비전 방송사에서 인기 있는 주부 프로그램의 제작 프로듀서로 일했습니다. 밝고 건강한 사람이며, 특별히 아웃도어를 즐기는 타입은 아니었습니다. 골프도 낚시도 하지 않았지만 마을에서 그리 멀지 않고 숲으로 에워싸인 이 조용한 산장에 친한 친구를 초대해서 술잔을 기울이거나 누군가가 치는 기타에 맞춰 노래하거나 이런저런 이야기를 나누거나…… 혼자일 때는 책을 읽거나 준비해 온 영화를 감상하는 것을 더없이 사랑했던 사람입니다.

마을 도로에서 숲으로 뻗은 기나긴 비포장 외길의 막다른 곳에 있어 주위에 민가가 한 채도 없습니다. 그 앞으로는 길다운 길도 없고 잡목림만 끝없이 이어질 뿐입니다. 잡목림을 조금 걸어가면 냇물이 흘러서 비가 많이 내린 다음이면 물 흐르는 소리가 들렸습니다.

정확히 말하면 별장지는 아니지만 마을 도로와 만나는 곳 주변에는 별장으로 이용되는 집들이 모여 있고, 쓰치야 씨의 산장도 이 지역에서는 '별장'으로 간주되고 있다는 이야기를 들은 적이 있습니다.

그렇지만 관리해 주는 회사가 있는 것도 아니므로 산장 관리는 주인이 직접 해야 했습니다. 쓰치야 씨가 건강할 때는 나와 미사키가 종종 이 산장에 놀러 와서 쓰치야 씨를 도와 욕실을 청소하거나 창유리를 닦거나 처마 밑 거미줄을 치우고 난로를 위한 불쏘시개용 잔가지를 줍기도 했지요.

이곳에 오면 하루가 눈 깜짝할 사이에 지나갔습니다. 몸을 많이 움직인 덕분에 저녁이면 일찌감치 졸음이 오고 아침에는 동트기 전에 눈이 떠집니다. 아침에 먹는 간소한 빵이나 간단한 계란프라이, 미사키와 함께 산장 근처에서 따 온 야생 블루베리는 또 얼마나 맛있었는지. 아, 그렇지, 가을이면 숲에 자생하는 밤나무에서 엄청나게 많은 알밤이 떨어져 주워다가 간식으로 삶아 먹었습니다. 크기는 작아도 여느 가게에서 파는 것보다 달고 따끈했습니다.

쓰치야 씨가 죽은 뒤로 산장은 쓰치야 씨의 장남인 미사키의 오빠가 상속했습니다. 쇼타라는 사람인데, 나도 몇 번 만난 적이 있습니다. 쇼타 씨는 도쿄에 본사를 둔 증권사에 근무하느라 일 년 내내 바빠 산장에서 편하게 쉴 여유가 없는 사람이었습니다. 애초에 자연에 머물며 야생 동식물을 즐기는 취미도 없었을 겁니다. 어차피 조만간 매물로 내놓을 번거로운 유산을 물려받았다고 시큰둥해 있었는지도 모릅니다.

하지만 쇼타 씨의 부인 아유미 씨는 달랐습니다. 아유미 씨는 마음 씀씀이가 넓어서, 쇼타 씨 없이도 혼자서 정기적으로 산장에 내려와 꼼꼼하게 검댕을 걷어 내고 정원의 잡초를 뽑고 수리해야 할 곳이 보이면 사람을 불렀습니다. 의무감에서가 아니라 시아버지인 쓰치야 씨가 산장에 쏟았던 애정을 온전히 존중했기 때문에 그랬겠지요.

이번에 내가 "오래간만에 산장에 가서 조용한 환경에서 밀린 일을 하고 싶습니다만" 하고 부탁했을 때도 아유미 씨는 "얼마든지요, 자주 이용해 줘야 산장도 망가지지 않죠"라며 매우 반가워했습니다.

아유미 씨가 말한 대로 집은 사람이 살지 않으면 금방 망가집니다. 남편이 거의 가지 않아 아유미 씨 혼자 산장에 자주 가는 듯한데, 아무래도 이곳은 마을에서 멀리 떨어진 숲속 외딴집이니까요. 이를 달가워하지 않았던 쇼타 씨는 아유미 씨에게, 위험하니까 혼자서는 산장에 가지 말라고 했답니다.

아유미 씨도 가급적이면 아들이나 친구를 데려가곤 했는데, 매번 동행을 구하기도 쉽지 않을뿐더러 누군가에게 제안해서 날짜를 맞추기도 점차 귀찮아졌겠지요.

사정이 이렇다 보니 며칠간 산장에 머물고 싶다는 나의 제안을 진심으로 반기는 아유미 씨의 마음이 생생하게 느껴졌습니다.

여하튼 아유미 씨의 노력 덕분에 산장은 예전 모습 그대로 나를 맞아 주었습니다. 처마 밑이 썩거나 지붕이나 창문에 망가진 곳이 전혀 없더군요. 망가지기는커녕 바로 어제까지 사람이 살던 것처럼 안락해 보였습니다.

눈을 뿌리는 구름 때문에 어둑해지기 시작했지만 시각은 이제 겨우 3시를 막 지난 참이었습니다. 식료품 등 필요한 물건을 메모해서 바깥이 조금이라도 환할 때 마을로 나가 사 오기로 했습니다. 마을에는 편의점 외에도 작지만 구색이 나쁘지 않은 슈퍼마켓이 한 군데 있습니다. 잡화를 비롯하여 어지간한 제품은 그 두 가게에서 마련할 수 있어요.

게다가 오늘 구입해 두면 내일부터 외출할 필요가 없으니까 산장에서의 한때를 충분히 즐길 수 있겠지요. 그렇게 생각하니 기분이 확 밝아졌습니다.

산장 현관 열쇠는 늘 뒤뜰 구석 연장창고 안에 있는 낡은 새집에 넣어 둡니다. 별장을 전문적으로 노리는 도둑에게 '네, 언제든지 털어가세요'라고 말하는 것처럼 위태로운 방식이지만 쓰치야 씨는 고집을 꺾지 않았습니다.

친한 사람이 언제든 여기에 내려와 편안히 쉴 수 있게 해 주고 싶다는 마음이 있었기 때문입니다. 그러자면 보조열쇠를 친구들만 아는 자리에 놓아 두는 방법이 제일 간단하지요.

만일의 사태가 일어난다 해도 도둑맞으면 큰일 날 물건은 전혀 없다고 했는데 듣고 보니 정말 그랬습니다. 보조열쇠를 여러 개 만들어 나눠주기보다 열쇠 하나를 친한 사람들끼리 공유하는 게 낭비가 적고 어떤 의미에서는 더 안전했던 것입니다.

그때그때 쓰치야 씨를 만나 열쇠를 빌릴 필요가 없으므로 나나 미사키도 원하면 언제든 산장에 놀러 갈 수 있었습니다. 물론 대학 졸업 후 우리가 각자 취직하고 나서는 주말이나 휴가철에야 가능했지만, 그래도 우리는 쓰치야 씨가 있든 없든 문득 휴식이 간절해지면 둘이 산장에 내려가 새집에서 열쇠를 꺼내 현관을 활짝 열어 두고 "아아, 기분 좋다! 정말 여긴 최고라니까!"라며 이곳에서 보낼 한때에 가슴이 설렜지요.

열쇠는 그 자리에 그대로 있어요, 라고 아유미 씨가 일러주었습니다. 나는 낙엽을 밟으며 건물 옆으로 돌아가 다들 '잡동사니 상자'라 부르던 좁은 통로처럼 생긴 창고로 갔습니다. 미닫이문은 조금 삐걱거리고 잘 열리지 않았지만 몇 번 힘을 주자 열리더군요.

창고 안에는 쓰지 않게 된 쓰레받기나 낡은 빗자루, 눈삽, 대나무 장대 등이 아무렇게나 쌓여 있었습니다. 안쪽에 작은 선반이 있고 거기에 예전처럼 놓여 있는 낡은 새집이 보였습니다.

미사키와 내가 학생일 때 쓰치야 씨가 가까운 나무에 이 상자를 매달았지요. 매년 초여름이면 박새가 찾아와 둥지를 틀고 알을 낳고 새끼 여러 마리가 산란하여 둥지를 떠났습니다.

언젠가 쓰치야 씨가 들려 준 이야기에 따르면, 그러다가 어느해 장마철에 커다란 줄무늬뱀이 나무를 쓱쓱 올라가 아직 날지 못해 둥지에 있던 새끼 새들을 전부 잡아먹었다고 합니다. 마침

휴일이라 산장에 와 있던 쓰치야 씨는 현장을 목격하고 상심한 나머지 그 뒤로 나무에서 새집을 내려 버렸습니다.

이후 산장 열쇠를 넣어 두는 곳으로 사용하게 되었지요. 본래는 밝은 원목이었을 텐데 지금은 거무칙칙하게 퇴색해서 거의 진갈색에 가까워졌습니다. 그래도 분명히 예전의 그 새집입니다.

가만히 들어 올리면 바닥이 열리는 구조인데 열쇠는 여전히 그곳에 있었습니다. 은색 닻 모양의 열쇠고리도 그대로 달려 있더군요.

열쇠고리는 미사키와 둘이서 오키나와에 놀러 갔다가 쓰치야 씨에게 줄 선물로 구입했습니다. 은도금은 거의 벗겨져 버렸지만 15년 전과 다름없이 닻 모양의 열쇠고리가 달린 열쇠가 거기에 있다는 사실이 반갑고 그리워 가슴이 설레더군요.

아유미 씨는 이런 점까지 세세하게 마음을 쓰는 사람입니다. 아유미 씨도 역시 시아버지 쓰치야 씨를 많이 좋아했습니다. 급사한 쓰치야 씨를 위해 쓰치야 씨가 몹시 사랑한 이 산장을 원래 모습 그대로 유지하고 싶어 했습니다. 그래서 닻 모양의 열쇠고리도 남겨 두었겠지요. 아유미 씨의 따뜻한 마음이 그대로 느껴져 나는 가슴이 찡했습니다.

열쇠를 손에 꼭 쥐고 다시 현관 앞으로 돌아오니 손끝이 떨리더군요. 흥분한 탓입니다.

열쇠구멍에 열쇠를 꽂고 떨리는 손을 억누르며 천천히 돌리자 찰칵, 하는 건조한 소리와 함께 문이 열렸습니다. 그 그리운 소리도 전혀 달라지지 않았습니다.

설레는 가슴으로 손잡이를 가만히 당기자 친숙한 산장 냄새가 콧구멍을 살살 간질였습니다. 뭐라고 형용하기 힘든 편안한 냄새. 누군가 조용히 살고 있는 집에 들어가면 어김없이 풍겨 오는 독특한 냄새. 겨울철 등유 난로 같은, 채소 데칠 때 부엌에 서리는 김 같은, 잘 마른 담요 같은…… 그런 냄새.

아유미 씨가 바로 얼마 전에 이곳에 왔던 걸까? 하고 생각했습니다. 여기서 며칠간 머물렀던 걸까. 그런 말은 전혀 없었는데.

난방은 가동되지 않았을 텐데도 집 안은 푸근하고 따듯해 서먹서먹한 느낌이 전혀 없고 마치 나를 위해 따뜻한 식사와 깨끗한 잠자리, 목욕 준비가 전부 알뜰하게 갖춰진 느낌이었습니다.

예전처럼 현관 앞에 비닐 슬리퍼 여러 켤레가 가로로 나란히 놓여 있습니다. 천 슬리퍼를 두면 누군가 와인이나 소스 같은 음식물을 흘려서 지저분해질 테니 애초에 비닐제로 마련해두는 게 손이 덜 가서 좋아, 라고 쓰치야 씨는 말했습니다.

미사키는 비닐 슬리퍼가 왠지 화장실 슬리퍼 같아서 싫다고 했지만 나는 쓰치야 씨의 의견대로 지저분해져도 물로 닦기만 하면 되는 편리함은 무엇과도 바꿀 수 없다고 생각했습니다.

쓰치야 씨와 나는 마음이 잘 맞았습니다. 쓰치야 씨는 나를 미사키와 마찬가지로 친딸처럼 귀여워해 주었습니다. 쓰치야 씨의 그런 따뜻한 마음에는 가정적으로 불행한 유년시절을 보낸 나에 대한 자비심이나 동정심이 들어 있는 듯했지만, 설사 그렇다고

해도 나는 쓰치야 씨와 같은 연상의 남성에게 딸 대접을 받은 것
이 기뻤습니다.

미사키는 쓰치야 씨를 '파파'라고 불렀습니다. 나도 그를 늘 '파
파'라고 부르고 싶었습니다. 파파, 라는 말이 이상하다면 '아빠'
도 좋았습니다. 파파, 아빠……. 그렇게 불러도 되겠니? 라고 미
사키에게 말하고 싶었지만 목구멍까지 차오른 그 말을 애써 삼킨
적도 있습니다. 아무리 미사키라도 내가 쓰치야 씨를 '파파'라고
부르면 싫어하지 않을까 생각했기 때문입니다.

하지만 지금 돌이켜 보면 지나친 염려였는지 모릅니다. 미사
키라면 "난 괜찮아"라고 재미있다는 듯이 말해 주지 않았을까요.
"저런 아저씨라도 괜찮다면 파파든 아빠든 상관없어. 뭣하면 부
부처럼 당신이라고 부르는 건 어때?"라고 말하고는 이내 "악, 이
상해!" 하며 우스꽝스러운 표정을 지어서 두 사람이 함께 깔깔 웃
었을 수도 있죠.

워낙 많이 와 봐서 산장의 조명 스위치가 어디 있는지 눈을 감
고도 알고 있습니다. 나는 어둠 속으로 손을 뻗어 현관 옆 벽에
있는 스위치를 눌렀습니다.

그 스위치를 누르면 현관 등은 물론이고 모든 방의 조명이 일
제히 켜지게 되어 있습니다. 어두울 때 도착하는 사람도 당황하
지 않도록 쓰치야 씨가 마을 전기공을 불러 간단한 배선 공사를
했던 것을 분명히 기억하고 있습니다.

현관문을 열고 벽 스위치 하나만 눌러도 산장 전체가 확 밝아

지면 기분까지 좋아집니다. 다들 마을로 식사하러 나갔다가 어두워지고 나서 돌아오는 경우에도 스위치 하나로 즉시 구석구석까지 밝아지므로 안심이 되죠.

형광등 가운데 일부는 두세 번 켜졌다 꺼졌다를 반복했지만 마침내 천장 조명이 켜져 작은 산장 내부가 훤히 보이게 되었습니다.

현관을 들어서면 바로 마루 같은 공간이 있습니다. 그 건너편의 불투명 유리를 끼운 문을 열면 마루를 깐 주방 겸 거실이 나옵니다. 거실 오른쪽에 벽을 떼어낸 6첩 다다미방과 6첩에 상당하는 서양식 방. 왼쪽에 욕실과 파우더 룸, 화장실…….

실내는 어디나 말끔하게 정돈되어 있었습니다. 쓰치야 씨는 활자를 몹시 좋아해서 거실의 네모난 테이블에는 늘 잡지나 단행본, 문고본 등이 아무렇게나 흩어져 있었는데, 지금은 잡지나 책이 모두 실내 간이서가에 반듯하게 꽂혀 있습니다. 아유미 씨가 정리해 놓았나 봅니다.

거실에서 뜰로 내려가는 창의 덧문을 열었습니다. 눈발이 희끗거리는 하늘을 어지러이 날아다니는 새들이 보입니다. 덧문은 예나 지금이나 목제로, 심하게 흠집이 났지만 여닫는 데는 어려움이 없어서 앞으로도 한참은 멀쩡하게 사용할 수 있겠네요.

실내가 한층 밝아져 나는 거실 의자에 앉았습니다. 다행히 지난 며칠간 따뜻한 날이 이어진 덕분인지 장작 난로에 불을 피울 필요가 없을 만큼 실내는 따뜻합니다.

낡은 괘종시계가 15년 전과 다름없이 시각을 새기는 소리가 들립니다. 바깥에서 바람소리도 들립니다. 시계 바늘 소리와 바람 소리만이 산장을 감싸고 있습니다.

슬픈 감정이 북받쳐 오르는 느낌도 없었는데 어느새 나는 울고 있습니다. 눈물이 고였다가 볼을 타고 흘러내립니다.

보이는 것 전부가 예전 그대로입니다. 6인용 식탁 의자에 매 놓은 살짝 지저분한 스트라이프 무늬 쿠션. 테이블에 난 흠집과 담뱃불 자국. 주방 벽에 매달린 병따개, 간장 얼룩이 묻은 커다란 냄비 집게. 찬장 속에 나란히 놓인 접시나 커피 잔, 찻잔…….

스누피가 인쇄된 싸구려 무릎 덮개, 쓰치야 씨가 추운 날 즐겨 입던 솜을 둔 초록색 상의가 예전과 마찬가지로 장의자 한쪽에 개켜져 있습니다. 낡기는 했지만 양쪽 다 금방 빨아 둔 것처럼 깨끗해 보입니다.

가슴이 벅차 나도 모르게 장의자로 뛰어갔습니다. 솜을 둔 상의와 무릎 덮개를 품에 꼭 안고 볼을 대자 쓰치야 씨가 피우던 담배 냄새, 그리고 미사키가 늘 쓰던 오 데 코롱 냄새가 지금도 나는 것 같았습니다.

눈을 감고 상의와 무릎 덮개의 감촉을 마음껏 맛보고 있다가 나는 흠칫 놀라 숨을 삼켰습니다.

산장 내 어딘가에서…… 욕실 쪽인지, 아니면 여기서도 잘 보이는 다다미방이나 서양식 방 쪽인지 뭔가 기척이 느껴졌습니다. 처음에는 바람이 산들거리는 모양이라고 생각했지만 마침내 그것이 점차 분명한 소리가 되어 들리게 되었습니다.

드르륵, 삐걱삐걱, 마치 바퀴가 마룻바닥을 구르는 소리 같았습니다. 설마, 했지만 역시나 수도 없이 들었던 그 소리입니다.

아아, 하고 나는 앞니로 입술을 꼭 깨물었습니다. 쓰치야 씨입니다. 휠체어를 탄 쓰치야 씨가, 그래요, 바로 저기까지 와 있습니다.

쓰치야 씨는 끔찍한 사고를 당하기 2년쯤 전, 텔레비전 방송사 근처 길에서 쓰러져 입원했습니다. 갑자기 뇌혈관이 터진 것입니다.

실려 간 병원에서 수술을 받아 목숨은 건졌지만 반신마비가 되었습니다. 거의 걷지 못하고 오른팔도 못 쓰게 되어 혼자 생활하기가 어려워졌지요. 쓰치야 씨는 그가 오래도록 사랑해 마지않던 이 지역에서 중견 요양원을 선택해 입원하기로 중대한 결심을 했습니다.

휠체어가 필요 없을 만큼 회복되자면 오랜 시간이 필요했지만, 그래도 쓰치야 씨는 열심히 재활을 계속하여 곧 미사키의 부축을 받으며 예전처럼 이 산장에도 올 수 있게 되었습니다.

휠체어 생활을 하는 쓰치야 씨를 위하여 나와 미사키는 적극적으로 시간을 내서 시설을 방문해 쓰치야 씨의 외출 허가를 받았습니다. 차량만 있으면 언제든 쓰치야 씨를 산장으로 데려올 수 있었습니다.

몸을 뜻대로 움직일 수 없는 것과 술을 마실 수 없게 된 것만

제외하면 쓰치야 씨는 쓰러지기 전처럼 명랑하게 지냈습니다. 나와 미사키는 쓰치야 씨와 함께 이 산장에서 예전처럼 즐거운 한때를 보냈습니다.

물론 쓰치야 씨는 일을 할 수 없었으므로 장보기부터 조리, 세탁, 청소, 목욕 준비를 전부 나와 미사키가 분담해서 했습니다. 맛난 음식을 만들고, 식탁에 셋이 앉아 식사를 하고, 쓰치야 씨가 익살맞은 농담을 던지고, 쓰치야 씨가 그런 상태가 된 후에도 산장에는 웃음소리가 그치지 않았고……

나는 숨죽인 채 조심스레 고개를 돌렸습니다. 이게 어찌된 일일까요. 쓰치야 씨뿐만 아니라 미사키의 기척도 느껴집니다. 저건 분명히 미사키입니다.

주방 싱크대 앞에 뭔가 희뿌연 그림자가 떠 있습니다. 검은색도 아니고 회색도 아닌, 공기와 한 몸을 이룬 젤리 같은 투명한 그림자……

그리고 그림자가 자아내는 기척…… 작은 요정의 한숨처럼 희미한 공기의 산들거림은 어느새 내 바로 옆까지 다가왔습니다.

길게 기른 머리카락을 목 뒤로 땋아 내린 미사키는 종종 머리 다발 끝으로 내 얼굴을 간지럽히는 버릇이 있었습니다. 아이, 간지러, 하고 내가 웃으며 고개를 돌리면 장난스런 얼굴로 더 간지럽히곤 했지요.

지금도 마찬가지여서, 건조한 머리카락이 나의 볼을 스쳐갑니다. 아아, 미사키가 여기 있구나, 라고 생각한 순간 나의 내부에 공포심보다 그리움이 먼저 솟아오릅니다.

"미사키……" 하고 나도 모르게 소리 내어 불렀습니다.

내가 낸 목소리가 툭 떨어뜨린 칼처럼 날카로운 소리를 내며
퍼져 나가는 느낌이었습니다.

맹세코 말하지만 공포심은 정말 요만큼도 없었습니다. 왜 무서
워해야 합니까. 무섭기는커녕 나는 미사키가 그립습니다. 쓰치야
씨가 그립습니다. 너무 그리워 미칠 것 같습니다.

모두 함께 있습니다. 여기 오면 정말 모두 함께 지낼 수 있습니
다. 쓰치야 씨와 미사키는 나의 방문을 몹시 기뻐하고 있을 게 틀
림없습니다. 와 주었구나, 하고 생각하겠지요. 틀림없어요. 순간
감정이 벅차올라 의식이 흐려지는 듯합니다.

나는 흠칫 정신을 다잡았습니다. 눈을 계속 깜빡이며 호흡을
가다듬고 허리를 곧게 폈습니다. 손에 들고 있던 상의와 무릎 덮
개를 가만히 장의자에 내려놓고 양 손가락으로 눈물을 닦고 숨을
깊이 들이마셨습니다.

아아, 내가 이러고 있어서는 안 돼. 쓰치야 씨와 미사키를 추억
하며 그들과 교감하는 거라면 얼마든지 할 수 있습니다. 쓰치야
씨와 미사키와 셋이 산장에서 보낸 시간을 충분히 맛보려면 먼저
할일을 제대로 마쳐야 해, 하고 나는 생각했습니다.

이번에 낸 사흘 휴가는 귀한 시간입니다. 유용하게 써야 합니
다. 상사에게 "휴가를 가더라도 업무는 끝내고 오겠습니다"라고
약속하고 왔습니다. 싸 들고 온 일거리에 손도 대지 못한 채 돌아

갈 수는 없습니다.

그러려면 어두워지기 전에 마을로 나가 식료품을 사 와야 합니다. 멍하니 있다가 해가 떨어지면 눈발이 굵어질 테니까요…….

나는 15년 전과 마찬가지로 지금도 간다 변두리에 있는 작은 광고회사에 다닙니다. 사장 외에 사원이 다섯 명밖에 없는 영세한 회사입니다. 경영 상태가 늘 빠듯하고 하청 일거리가 많아서 사원들은 낮은 급료로 혹사당하고 있습니다.

하지만 사장은 마음씨 좋은 사람입니다. 미남과는 거리가 멀고 키도 작고 조금 통통한 몸매여서 외모는 볼품없지만 어떤 상황에서도 침착하고 미더운 인물입니다. 남자들은 마음에 안 드는 구석이 있으면 금방 목소리가 거칠어지고 부인이나 심지어 어린 자식에게도 폭력을 쓴다, 십중팔구 그렇다, 라고 어릴 때부터 아버지를 보며 생각했습니다. 남자가 무서워 좀처럼 연애를 못했는데, 나의 고정관념을 한순간에 깨뜨려 준 사람이 미사키의 아버지 쓰치야 씨, 그리고 직장 사장입니다.

업무가 끝나면 종종 식사나 술자리를 함께했는데, 그러다가 사장과 자연스럽게 연애 관계가 되는 데는 긴 시간이 필요하지 않았습니다. 물론 사장은 처자식이 있는 사람이어서 내 마음은 늘 불안했습니다. 소소한 일로 질투하고 시기심에 사로잡혀 사장을 곤란하게 만든 적도 있습니다.

모르는 사람이 보면 저런 볼품없는 아저씨의 어떤 점이 좋아? 라고 물을지 모릅니다. 그런 의미에서 보자면 연애 상대로는 쓰치야 씨가 더 어울렸죠. 이혼한 독신이기도 했으니까.

하지만 내가 진지하게 사랑한 사람은 사장이지 쓰치야 씨가 아니었습니다. 쓰치야 씨를 많이 좋아했지만 연애 상대는 아니었어요. 쓰치야 씨는 어디까지나 나의 '이상형 아빠'였습니다.

미사키에게는 사장과의 관계를 전부 이야기했습니다. 미사키는 내가 무슨 이야기를 해도 웃거나 무시하지 않고 진지하게 귀를 기울여 주었습니다. 그럴듯한 충고나 사람을 내려다보는 듯한 촌평 따위 없이 그저 가만히 고개를 끄덕이다가 종종 손을 뻗어 내 팔과 어깨를 어루만지며, 그래, 알아, 너무 잘 알아, 라고 말해 주었습니다. 때로는 재치 있는 농담으로 웃겨 주었지요.

미사키는 그런 친구였습니다. 미사키처럼 미덥고 서로 깊이 이해할 수 있는 친구도 없었습니다. 내 인생의 단 한 명이었던 친구였어요.

사장과의 관계는 꽤 지속되었지만 만나는 회수가 점차 뜸해지다가 어느 순간 사그라들었습니다.

지금은 아무 일도 없었던 것처럼 웃으며 대화할 수 있고 설사 둘이 술을 마시러 가더라도 과거 이야기를 농담 삼아 꺼낼 수도 있을 정도가 되었습니다. 그렇지 않았다면 나도 그 회사에 남아 있을 수 없었겠지요.

나는 이대로 사장 밑에서 일하며 사장과 함께 늙어 갈 것 같습니다. 사장이 꼬부랑 할아버지가 되어서 더는 아무 일도 할 수 없게 되면 나도 함께 은퇴하겠지요. 그때까지는 상실의 슬픔에 흔들리는 일 없이 주어진 일을 열심히 해야겠습니다.

나는 산장 주방에 있는 냉장고를 열어 보았습니다. 특별한 것은 들어 있지 않았습니다. 아주 가끔씩만 이용하는 산장이므로 당연한 일입니다. 거기 들어 있던 것은 생수 두 병과 캔맥주 하나, 유리병 올리브, 역시 유리병 딸기잼, 간장병에 담긴 간장이 전부였고, 뭐든 요기가 될 만한 것은 없었습니다. 냉장고는 비어 있었습니다.

주방의 작은 창문 너머로 흩날리는 눈이 보였습니다. 아까보다 눈발이 강해진 것 같습니다. 오늘 밤은 눈보라가 휘몰아치려는 걸까요? 차량은 스노타이어로 바꾸어 놓았고 사륜 구동이므로 눈이 쌓이더라도 불안할 일은 없지만 눈 쌓인 도로를 운전하자면 신경이 많이 쓰입니다.

서둘러야겠네, 하며 나는 마음을 다잡습니다. 마을에 나가 장을 보고 그 참에 어디에서 일찌감치 저녁을 먹고 오자. 그러면 오늘 저녁은 짓지 않아도 된다. 그렇게 생각하니 더욱 서두르고 싶었습니다.

나는 신발을 신고 밖으로 나가 현관문을 잠근 뒤 내 차로 잔달음질했습니다. 밖은 이미 해가 지고 있었고, 변함없이 추위는 그다지 느껴지지 않지만 쏟아지는 눈이 바람에 날려 현관 등 불빛 속에서 소용돌이를 치는 것이 보였습니다.

현관을 나서서 조금 걸었을 때 문득 등에 싸늘함이 느껴졌습니다. 걸음을 멈추고 조심스레 뒤를 돌아다보았습니다.

눈이 너무 거칠게 날리고 있어 시야가 흐릿합니다. 그런 눈발 사이로 현관 불빛 아래 누가 가만히 서 있는 것이 보였습니다. 시선을 집중한 나는 얼음처럼 굳어 버렸습니다.

휠체어를 탄 쓰치야 씨와 그 뒤에서 휠체어 손잡이를 잡고 있는 미사키였습니다. 쓰치야 씨는 무릎 아래가 잘 보이지 않습니다. 미사키의 하반신도 휠체어에 가려 보이지 않습니다.

하지만 두 사람이 나에게 던지는 시선은 분명히 느껴집니다. 심해에 있는 상어처럼 차고 무표정한 눈입니다. 화를 내는 것도 경멸하는 것도 증오하는 것도 아닙니다. 굳이 말한다면 슬픈 눈. 그리고 그 슬픔 속에는 나를 오싹하게 만드는 무언가가 깃들어 있습니다.

왜 그런 눈으로 나를 보지? 왜?

그렇게 생각한 순간 차가운 얼음이 등에 닿은 것 같아서 나는 정신을 차리고 차량을 향해 정신없이 뛰었습니다.

"공교롭게 눈이 내리고 마네요. 많이 쌓이지나 말아야 할 텐데."

상대가 싹싹하게 말을 건네서 나도 그제야 정신을 가다듬었습니다. 왜 그렇게 넋을 놓고 있었는지. 차를 운전해야 해서 와인도 맥주도 마시지 않고, 대신 뜨거운 우롱차를 주문했으니 취한 것도 아니었습니다.

산장을 나올 때 현관 조명 아래 서 있던 휠체어 탄 쓰치야 씨와 미사키의 표정이 못내 마음에 걸렸습니다. 그들은 왜 그렇게 차갑고 데면데면한 눈으로 나를 보고 있었을까. 적의도 증오도 느껴지지 않았지만 그 무표정에는 예전에 우리가 공유하던 따뜻한 우정과 교감이 전혀 느껴지지 않았어…….

이곳은 '양식 키친 고치소정'이라는 이름의 카운터석밖에 없는 작은 식당입니다. 내부는 난방이 잘 되어 있고 음식에서 올라온 김이 커다란 창유리를 흐릿하게 만들고 있습니다.

손님은 나밖에 없고 카운터 안에는 부부인 듯한 주인 내외가 있습니다. 나이는 예순 전후일까. 부인은 젊어 보이는 화장을 하고 흔들리는 귀걸이를 매달아 멋을 냈지만 남편은 일밖에 모르고 몸치장에는 관심이 없는지 아내보다 조금 늙어 보입니다.

말을 건네는 사람은 부인뿐이고 남편은 묵묵히 조리만 합니다. 나 말고는 손님이 없습니다. 내가 주문한 나폴리탄 스파게티는 벌써 조리되어 나왔으니 대체 누구를 위해 계속 조리하는지 의아했지만, 다음날을 위한 밑준비를 하는지도 모르죠.

아무튼 아저씨 쪽은 거의 말이 없고 부인만이 날씨 이야기를 계기로 뭔가 열심히 이야기를 하려는 듯합니다.

나에게 흥미를 느낀 모양입니다. 이렇게 눈 내리는 저녁에 낯선 여자 손님이 불쑥 들어왔으니 흥미를 가질 만도 하지요.

나는 부인의 호기심에 부응해 줄 요량으로 도쿄에서 오늘 숲속에 있는 친구네 산장에 내려왔다는 것, 방금 도착해서 필요한 물건을 사러 나왔다는 것 등을 이야기했습니다.

부인은 더욱 호기심을 보이며 "숲속, 이라고요?"라고 물었습니다. "도로 옆에 있는 별장지 쪽이군요. 잘 알아요. 그 별장지 이름이 뭐였더라?"

내가 아뇨, 하고 고개를 저으며 "그쪽이 아니라 좀 더 안쪽이에요"라고 말하자 부인은 잠깐 뜸을 두었다가 옆에 있는 남편을 힐끗 쳐다보고 나서 "안쪽?" 하고 다시 한 번 물었습니다. "도로 옆이 아니라?"

"네. 좀 더 안쪽, 더 깊이 들어가서 길 끝에 있어요."

"어머. 그럼, 혹시 그 산장은 쓰치야 씨의……."

반가워서 나도 모르게 허리를 펴고 카운터 위로 상체를 기울였습니다. "쓰치야 씨를 아세요?"

"네? 아뇨, 직접 아는 건 아닌데." 부인은 몹시 곤혹스러운 듯이 말끝을 흐렸습니다.

나는 웃는 얼굴로 말했습니다. "산장에 오는 건 십 몇 년 만이에요. 오랜만에 와 보니 거의 달라지지 않아서……. 전에는 모두 마을로 나와 식사를 하던 때도 있어서 이 마을에 있는 식당에 거진 가 봤는데 이 가게만은 와 본 적이 없어요. 저어, 이 식당은 몇 년 전부터 하셨나요?"

"올해로 정확히 15년." 남편이 조금 무뚝뚝하게 대답했습니다. 대답하면서도 일손을 멈추지 않습니다. 양배추를 썰고 있는 모양입니다. "사고가 있던 해니까."

"사고?"

"꽃놀이 가던 요양원 사람들과 그 가족이 탄 마이크로버스가 절벽에서 구른 사고. 딱하죠. 추락한 충격으로 버스가 불타 버려서 거기 탄 사람들도 모두 새카맣게 탔어요. 그 사람들 신원이 밝혀진 것은 한참 나중이었어요. 정말 대형 사고였지. 사건 같은 게 거의 없는 이 작은 마을에서도 난리가 아니었어요."

"당신, 그런 얘기는……" 하고 부인이 남편을 나무랐지만 남편은 못 들은 척했습니다. 양배추를 써는 손에 더욱 힘을 주어 도마 소리를 울리며 "막 개업한 우리 가게에도" 하고 말을 이었습니다. "매일 기자들이 우르르 몰려와 식사를 했으니까. 그렇게 가슴 아픈 사고였는데도 그 기자들은 사고 현장만 벗어나면 맥주를 마시고 와인도 추가로 시키고 그랬죠. 사람이 여럿 죽었는데 어떻게 그런……."

"저어." 부인이 왠지 조금 거리를 두는 모습을 보이며 나에게 물었습니다. "숲속의 그 집을 별장으로 쓰던 쓰치야 씨라는 분, 신슈의 텔레비전 방송사에 근무하는 분이었죠. 프로듀서로 일했다고 하던데. 그분, 그 사고로 돌아가셨어요…… 따님도 함께."

"그래요." 나는 고개를 살짝 끄덕였습니다. "……잘 아시는군요."

"그렇게 큰 사고였는걸요. 어떤 분들이 돌아가셨는지 온 마을 사람이 다 알아요." 부인은 그렇게 말하고, "그죠?" 하며 남편에게 동의를 구했습니다.

남편은 "음" 하고 화난 사람처럼 고개를 끄덕이더니 "요양원 사람들이 모두 이 마을과 인연이 있었으니까" 하고 말했습니다. "한데 뭐가 슬퍼서 그렇게 꽃놀이 가다가 새카만 재가 되어야 했는지. 안 그래도 몸이 불편한 사람들인데. 딱해도 너무 딱해."

뭔가 부글부글 끓는 소리가 들렸습니다. 환풍기를 돌리지 않는지 김이 가득 들어차 유리창은 더욱 흐려졌습니다. 가게 안이 따뜻해지는 것은 좋지만 김이 너무 심해 부부 얼굴이 종종 희뿌옇게 보입니다.

"실은 제가," 나는 마음을 먹고 털어놓았습니다. "돌아가신 쓰치야 씨 부녀와 아주 친했어요. 따님과는 고등학교 때부터 제일 친한 친구였고……. 그 산장에도 여러 번 놀러 왔거든요. 정말 많이도 왔죠. 그래서 그 사고는 지금도 믿고 싶지 않고 믿어지지도 않아요."

김이 조금 가셔서 부인이 남편의 소매를 살짝 잡아당기는 것이 보였습니다. 부부는 눈빛을 교환하더니 남편이 문득 눈을 부라리며 내가 아닌 내 뒤쪽을 노려보았습니다.

무슨 일이 일어나는지 몰라 나는 어깨를 움츠리며 "뭔데요?" 하고 작은 소리로 물었습니다. "무슨 일이죠?"

"아뇨, 별로." 남편은 그렇게 말하고 나를 힐끔 쳐다보고는 다시 맹렬한 소리를 내며 양배추를 썰기 시작했습니다.

부인은 어느새 자취를 감추고 카운터 안에는 아저씨밖에 보이지 않았습니다. 그리고 그 아저씨 모습도 자옥한 김 탓에 제대로 보이지 않게 되었습니다.

조금 전까지 가게에 낮게 흐르던 가요곡이 전혀 들리지 않았습니다. 대신 부글부글 끓는 냄비 소리와 양배추 써는 소리가 커지고 김은 시야를 뿌옇게 만들어 갔습니다.

더는 앉아 있기가 힘들었습니다. 나폴리탄 스파게티는 다 먹은 상태였습니다. 식후에 커피를 주문할까 했지만 왠지 내키지 않았습니다.

"실례합니다, 이제 그만 계산할게요" 하고 나는 카운터 너머로 말했습니다.

들리지 않는지 아니면 못 들은 척하는지 아무 대답이 없습니다. 나는 다시 한 번 커다란 소리로 반복했습니다.

잠시 후 어디선지 부인이 나타나 변함없이 나와 거리를 두며 "그럼, 1250엔입니다"라고 말했습니다. 목소리를 심하게 떨고 있었습니다.

나는 거스름돈이 생기지 않도록 지갑에서 지폐와 동전을 합쳐 정확한 금액을 꺼내 카운터에 놓았습니다.

그 직후 그토록 자욱하던 김이 싹 가시고 카운터 안에 있는 부인과 아저씨 모습이 똑똑히 보이게 되었습니다.

부인은 남편 팔에 매달려 있었습니다. 남편은 그런 부인을 보호하듯이 안고 나를 지그시 쳐다보고 있습니다. 두 사람 다 부들부들 떨고 있습니다.

뭐가 뭔지 알 수 없었습니다. 나는 분위기를 부드럽게 할 요량으로 미소를 지어 보이며, "그런데 왜 그러시죠?" 하고 물었습니다. "두 분 표정이 좀……."

"……이, 이, 이상한 질문인지 모르지만" 하고 아저씨가 말했습니다. 역시 목소리가 떨립니다. "……저, 저, 정말 숲속의 그 산장에?"

"네, 그런데요" 하고 나는 말했습니다. "그게 왜요?"

"아, 아뇨……. 별로. 이상한 말을 해서 미안합니다. 하지만 이 말은 해야 할 것 같군요."

아저씨는 공포에 짓눌려 일그러진 얼굴 위에 당장이라도 웃음을 터뜨릴 것 같은 묘한 표정을 지은 채 떨리는 손가락으로 나를 가리켰습니다. "아까부터 저쪽에 사람이 보이는데……. 그게 당신한테 딱 붙어서 떨어지려고 하질 않아요."

"네?"

"두 사람이에요. 하, 하, 한 사람은 여자. 또 한 사람은…… 휘, 휘, 휠체어를 탄……."

그때 갑자기 부인이 비명을 질렀습니다. 가늘고 길게 이어지는 그야말로 섬뜩한 비명이어서 오히려 내가 더 공포에 빠졌습니다. 나는 영문을 모르고 의자에서 일어나 인사를 하는 둥 마는 둥 맹렬히 도망치듯 식당을 뛰쳐나왔습니다.

바깥에는 눈이 펑펑 쏟아지고 있어 아무 소리도 없었습니다. 해는 완전히 저물어 세상은 한밤중처럼 캄캄했습니다. '양식 키친 고치소정'의 유리창으로 새어나오는 불빛만이 하얗게 쌓인 눈을 비추고 있었습니다.

잠시 달리다 우뚝 멈춰 서서 뒤를 돌아보았습니다. 가게 유리창에는 여전히 김이 서려 있어서 내부가 잘 보이지 않았지만, 주인 아저씨로 짐작되는 커다란 사람 그림자가 유리창에 어른거리고 창문에 잇달아 블라인드가 내려졌습니다.

무슨 일이 벌어졌는지 생각하기조차 무서웠습니다. 공포에 사로잡힌 얼굴로 나를 쳐다보던 부부가 무엇에 떨고 있었는지 나는 알 것 같았습니다.

인정하기가 두렵기도 하고 기쁘기도 한 묘한 기분입니다. 오래전부터 내내 그런 기분을 느껴 왔다는 것을 '고치소정' 주인이 일깨워 주었어요. 역시, 하고 나는 생각했습니다.

그래, 쓰치야 씨와 미사키는 내 곁에 있었던 것입니다. 아마 그럴 겁니다. 지금도 두 사람은 내 곁에서 나와 함께 산장으로 돌아가고 싶어 합니다. 두 사람은 지금까지도 늘 나와 함께 있었던 겁니다. 내가 알아차리지 못했을 뿐이지요.

나는 가슴이 벅차 눈 내리는 밤하늘을 우러러보았습니다. 그리고 눈송이가 볼 위에 녹는 것을 느끼며 쓰치야 씨와 미사키를 계속 생각했습니다.

그렇게 나와 함께 있고 싶다면 왜 아까 내가 산장을 나설 때 그렇게 차가운 눈으로 쳐다보았어? 좀 더 따뜻하고 우정 어린 눈으로 바라보면 좋았잖아. 너무 충격이었어. 혹시 내가 외출하는 것이 싫었어? 막 도착한 참인데 왜 또 나가는 거야, 라고 생각했던 거야?

일방통행식 대화였지만 충분히 대화를 나눈 기분이라 신기합니다. 마음이 자꾸 급해집니다.

나는 차에 올라 시동을 걸고 숲속 산장을 향해 출발했습니다. 기쁜 것도 같지만 한편으로는 정체 모를 희미한 불안이 물밀듯 밀려드는 묘한 기분이네요.

아무도 없고 차 한 대 다니지 않는 마을 도로입니다. 내 차의 헤드라이트만이 전방을 비춥니다. 앞유리에 줄기차게 눈이 쌓여 와이퍼를 계속 돌리지만 그래도 여전히 앞유리를 향해 눈이 쏟아지고 있습니다. 시야가 무수한 하얀 무늬로 온통 물들어 버릴 것 같습니다.

왜 차가 한 대도 안 다닐까. 차량은 고사하고 주변 주택에도 불빛 하나 켜지지 않아 모든 것이 죽은 듯한 쓸쓸함 속으로 가라앉고 있습니다.

어서 산장으로 돌아가자, 라는 마음만 간절해졌습니다. 아니, 돌아가자가 아니라 돌아가야 한다고 안달하는 기분이 더 강합니다. 나는 액셀러레이터를 힘껏 밟아 타이어가 거의 헛바퀴를 돌 정도로 사납게 운전하며 마을 도로를 벗어나 숲속으로 들어가는 비포장 길에 들어섰습니다.

별장으로 쓰이는 집들도 불 켜진 곳이 없고, 가로등 없는 비포장 길을 가로지르는 동물도 보이지 않고, 눈에 갇힌 듯한 숲속 오솔길만 안쪽으로 구불구불 이어질 뿐입니다.

어서, 어서, 하는 조바심이 내부에서 폭발하려고 합니다. 어서 돌아가 문을 열고 안에 들어가 덧문을 닫고 장작 난로에 불을 지펴 집 안을 데우고 뜨거운 커피라도 타서 느긋하게…….

하지만 내가 정말로 하고 싶은 일은 그런 게 아닌 것 같기도 합니다. 그렇다면 나는 대체 무엇을 하고 싶은 걸까요. 전혀 떠오르지 않습니다.

마침내 숲속 오솔길 막다른 곳에 다다르자 산장이 시야에 들어왔습니다. 나갈 때 조명을 켜 둔 터라 현관 등이 밝습니다. 그곳만이 따뜻하게 유혹하듯 나를 기다려 주고 있습니다.

나는 차를 세우고 식료품과 잡화가 담긴 봉지를 안아 눈길에 미끄러지며 현관으로 서둘렀습니다. 주머니에 넣어 둔 산장 열쇠를 꺼내 문을 열고 안으로 들어갑니다.

나갈 때와 달라진 점은 전혀 없이 모든 것이 그 자리에 그대로 있었고, 누가 숨어들었다거나 이 세상의 존재가 아닌 뭔가가 장난을 친 기미도 전혀 없었습니다.

현관에서 안도의 한숨을 돌리고 신발을 벗고 안으로 들어섰습니다. 사 온 물건들을 주방 조리대에 내려놓았습니다. 코트를 벗으며 거실 테이블로 갔습니다.

특별히 무엇이 눈에 띈 것은 아닙니다. 다만 유독 그곳만이 뭔가 달라진 듯 느껴졌습니다. 테이블 위에 잡지가 한 권 펼쳐져 있었습니다. 나갈 때 내가 그렇게 해 둔 것이 아닙니다. 그렇게 행동한 기억이 없습니다.

피곤한 탓인지 의식이 둔해지는 기분입니다. 나는 선 채로 잡지를 내려다보았습니다. 오래전 주간지로, 종이가 누렇게 바랬습니다.

펼쳐진 페이지에 '참혹! 화염에 싸인 버스! 승객 전원 사망. 설레는 마음으로 꽃놀이 가던 길'이라는 제목이 가로로 큼지막하게 인쇄되어 있습니다.

왜 그 사고 기사가 이 자리에, 하고 생각했습니다. 쓰치야 씨와 미사키의 장난? 설마.

나는 조심스레 주간지를 집어 들고 대강 훑어보았습니다. 기억하고 싶지 않은 기사인데도 나도 모르게 눈을 뗄 수 없었던 까닭은 그 기사에 사망한 요양원 입원자 여섯 명과 직원 두 명, 운전기사, 입원자와 함께 꽃놀이 가던 가족과 지인의 이름과 사진이 실려 있었기 때문입니다.

목소리가 되지 못한 비명 같은 소리가 목 안에서 치받혔습니다. 숨을 들이쉬려고 하지만 터져 나오는 비명으로 호흡이 멎을 것 같습니다. 나는 당장이라도 피를 토하는 건 아닌지 걱정될 만큼 격렬하게 비명을 계속 질렀습니다.

사망자 명단에서 내 이름과 얼굴 사진을 보았습니다.

검은 원이 쳐진 내 얼굴 사진. 면허증 사진처럼 정면을 바라보는 진지한 표정입니다.

시간이 빙빙 돌고 있습니다. 흘러간 시간의 저편을 향해 격류에 떠밀려가는 듯한 격렬함으로 되돌려지고 있습니다.

그랬지…… 하고 나는 땅 밑으로 끌려 내려가는 기분을 느끼며 모든 것을 떠올리고 말았습니다.

꽃놀이 모임이 있던 날, 나는 미사키와 함께 이 마을에 왔습니다. 날씨가 매우 쾌청해서 그야말로 꽃놀이에 딱 좋은 날이었습니다. 우리는 도쿄에서 사 온 도시락과 음료, 과자를 채운 대형 가방을 들고 쓰치야 씨가 있는 요양원으로 갔다가, 쓰치야 씨와 함께 요양원이 대절한 마이크로버스를 탔습니다.

전부 한순간에 벌어졌습니다. 원인을 생각하거나 놀라거나 불안해할 틈도 없는, 그야말로 어 하는 사이에 일어난 사고. 그래서 내가 알아채지 못했는지 모릅니다. 내가 죽었다는 것을…….

아유미 씨에게 연락한 것도, 회사 사장과 지금껏 친하게 지내고 있다는 것도 순순히 망자가 되지 못한 나의 망상. 망자의 뇌에 비추어진 환상의 영상, 환상의 음성…….

차를 직접 운전해서 여기로 내려오고, 마을로 나가 식사를 하고 다시 차를 타고 돌아왔다는 것도 망자인 내가 계속 꾸었던 꿈이었는지 모릅니다.

그렇게 깨달은 순간, 지금껏 안락하고 청결하던 산장 내부가 슬로우 모션 비디오처럼, 혹은 달리의 그림 속 세계로 들어가는 것처럼 천천히 일그러지기 시작했습니다. 바닥이 삐걱거리며 비스듬히 기울었습니다. 벽이 벗겨지고 천장이 무너지고 주위에 온통 먼지가 날기 시작했습니다.

시공이 소용돌이 틀고 있습니다. 나는 소용돌이 속으로 말려들어갑니다. 아프지도 가렵지도 않습니다. 소리도 냄새도 없습니다. 무음, 무통, 무감각 속으로 빨려 들어가다가 흠칫 놀라 정신을 차리고 보니 거미줄이 어지럽고 기둥은 쓰러지고 창유리는 깨지고 쥐똥과 벌레 사체가 여기저기 흩어져 있는 폐허 풍경만 남아 있었습니다.

그랬지, 하며 나는 속으로 말했습니다. 눈물이 흘러넘쳤습니다. 나 좀 봐, 바보 같아. 지금에 이르도록 알아채지 못하다니…….

바로 옆에서 휠체어 기척이 납니다. 미사키가 쓰던 향수 냄새가 납니다.

두 사람이 나를 데리러 와 준 모양입니다. 이제야 알았니, 하고 어이없다는 듯이 쓴웃음을 짓는 미사키의 목소리가 들리는 듯합니다. 그래요. 틀림없이 나를 데리러 와 준 거라고 생각합니다.

나의 청각은 외부에 사납게 몰아치는 눈 섞인 겨울바람을 정확히 듣고 있습니다. 그 소리는 마치 살아 있는 사람이 듣는 소리처럼 지금도 똑똑히 들려옵니다.

메마른 겨울나무 사이를 횡횡 달리며 신음하는 그 소리는 너무나 차갑고 쓸쓸합니다.

그런데 그 소리에 귀 기울이면 기분이 금세 가라앉고 평온해지는 것은 대체 어찌된 일일까요. 썩어 버린 폐허 속을 천천히 떠다니는 것은 왜 이리 편안할까요.

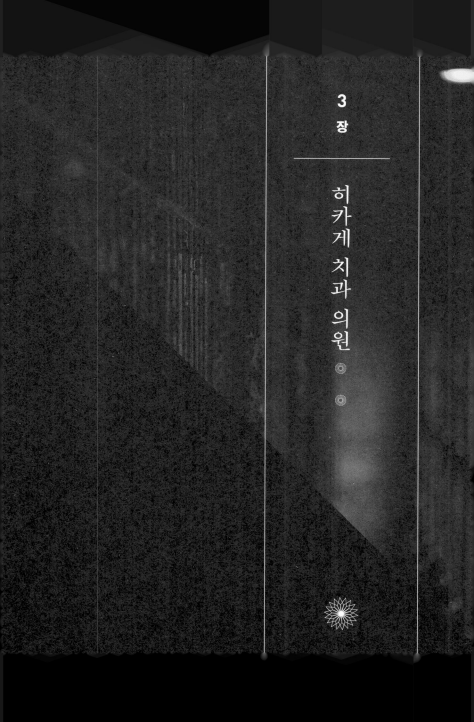

3장

히카게 치과 의원

점심때가 되었는데 밥상 차리기가 싫었다. 애초에 배가 고프지도 않았다.

편의점에 갔다가 사다 둔 쌀과자가 생각났다. 짭짤한 것이 당겼다. 가스미는 미지근한 바람을 보내는 선풍기 앞에 앉아 느릿느릿 과자 봉지를 열었다.

과자의 딱딱한 부분을 어금니로 힘껏 깨물었다. 순간 기묘한 감각이 입안에 번졌다. 쌀과자 아닌 다른 뭔가가 혀 안쪽으로 굴러들어가 무심코 삼켜 버릴 뻔했지만 급하게 뱉어냈다.

은색 보철물이 무릎 위로 톡 떨어졌다. 보험이 적용되는 팔라듐 합금 크라운으로, 3년쯤 전에 도쿄의 치과에서 씌운 것이었다.

크라운을 집어 올린 가스미는 맥이 탁 풀렸다. 골치 아프게 생겼네. 오른쪽 어금니를 혀끝으로 조심조심 더듬어 보았다. 함몰된 구멍과 꺼칠꺼칠한 치아의 일부가 혀끝에 느껴졌다. 통증은 없지만 함몰이 심했다.

남편에게 여자가 있다는 사실을 알게 된 이래 심신이 다 병들었다. 식사도 만족스럽게 하지 못할 때가 많아서 어느새 잇몸까지 빠르게 야위어 버렸는지 모른다. 쌀과자를 씹는 정도로 이렇게 맥없이 크라운이 빠져 버리다니, 어이가 없었다.

벗겨진 크라운을 주방 싱크대에서 조심스레 씻어 낸 다음 화장지로 물기를 닦고 작은 비닐봉지에 담았다. 버릴 생각은 없었다. 혹시 이대로 재사용할 수 있을지도 모르니까. 이혼 후 낯선 지방에서 생활하기 시작한 참이라 경제적으로 여유가 없었다.

쌀과자 봉지를 고무줄로 묶어 두고 잠시 생각한 뒤에 마음을 굳히고 외출 준비를 시작했다. 오후 2시 반. 밖은 여전히 펄펄 끓지만 나무 그늘은 슬슬 선선해지는 시각이었다. 도쿄와 달리 이 지역은 조금 안쪽으로 가면 강도 있고 나지막한 언덕과 잡목림도 있다. 울창한 숲이 많아 한여름 대낮이라도 외출할 수 있다.

적극적으로 외출하기로 한 것은 치과를 찾아 보자는 소소한 목적이 생겨서다. 역 근처 상가에 있는 치과에는 가고 싶지 않았다. 세련된 인상을 풍기는 7층 빌딩에 입점한 그 치과가 근방에서 가장 평이 좋다는 정도는 알고 있었다.

다만 지방도시 변두리의 작은 전철역이라고 해도 역 주변은 사람이 많아 제법 북적인다. 심신을 치유하려고 어렵게 도쿄에서 이 도시로 이주한 만큼 굳이 싫은 곳에 가고 싶지는 않았다. 번잡한 곳은 아직 내키지 않고 누굴 만나고 싶은 기분도 아니다. 요즘 가스미가 마음 편하게 만나서 대화할 수 있는 사람은 이 도시에 사는 외사촌 가쓰히코와 아내 준코뿐이었다.

역에서 먼 곳에도 치과가 있을지 모른다. 한가로운 전원 풍경에 녹아든 것처럼 자리 잡은 치과를 찾으며 자전거 페달을 밟는 것이다. 그러다가 지치면 쉬어도 가면서 저녁때까지 운 좋게 찾을 수 있다면 벗겨진 크라운을 그곳에서 처치받자……. 나쁘지 않은 계획 같았다.

지갑에 건강보험증이 있는지 확인했다. 지갑, 스마트폰, 벗겨진 크라운이 들어 있는 조그마한 봉지를 작은 숄더백에 담았다.

밝은 크림색 벽의 복층형 아파트는 이제 막 준공된 곳이라 입주한 사람은 가스미 외에 맞벌이 부부 두 쌍뿐이다. 이사한 직후 가스미는 가쓰히코의 아내 준코와 함께 맞벌이 부부들 집에 인사하러 갔다. 두 집 모두 평범하고 사람 좋아 보이는 부부였고 연령은 30대 초반으로 짐작되었다. 올해 서른둘이 된 가스미와 같은 세대여서 부담이 덜했다. 어느 부부나 자식은 없었고, 저마다 일하느라 바빠 보였다. 덕분에 번거롭게 서로의 집을 방문하려 드는 기색을 보이지 않은 것이 무엇보다 마음 놓였다.

자전거는 가쓰히코에게 빌렸다. 아파트에서 가쓰히코 집까지는 걸어가지 못할 거리는 아니지만 15분은 걸린다. 버스 타기도 애매하고 자전거가 있으면 어딜 가든 편리하다고 부부가 배려해 준 것이다.

매사 가쓰히코 부부에게 신세지고 있었다. 건강해져서 직업을 갖게 되면 제일 먼저 보답해야겠다고 생각하지만 언제쯤 가능할지 자신도 가늠하지 못하는 것이 한심했다.

도쿄에서는 인내에 인내를 더하며 남편 마음이 돌아오기를 기다렸다. 싫은 소리도 참고 비아냥거리지 않으려고 노력했다. 그런데도 남편은 가스미와 연애에 빠질 때와 마찬가지로 상냥하고 간드러진 목소리로 "미안. 역시 안 될 것 같아"라며 이혼 이야기를 꺼냈다.

지인의 권유로 우연히 찾았던 작은 라이브 공연장에서 기타리스트인 그의 연주를 들은 것이 첫 만남이었다. 그 음악성에 끌렸다. 재능 있는 사람이라고 생각했다.

두 번 세 번 혼자서 공연장을 찾던 어느 날 연주를 끝낸 그가 싹싹하게 말을 건넸다. 노점에서 밤새 술을 마시다 금세 친해졌다.

어머니는 가스미가 중학생일 때 병사하고 아버지는 가스미가 고등학교를 졸업하던 해에 재혼했다. 젊은 새엄마하고는 마음이 맞지 않았고, 그러자 아버지와 금세 소원해졌다. 동갑내기 무명 기타리스트와 결혼하는 데 반대할 사람이 아무도 없었다.

괜한 낭비 하지 말자는 그의 제안을 받아들여 결혼식은 올리지 않았다. 두 사람이 나란히 시청에 가서 혼인 신고를 했고, 돌아오는 길에 그가 좋아하는 돈코츠 라멘을 먹으러 가서 맥주로 축배를 들었다.

결혼하고 4년. 좋았던 것은 첫 2년뿐이고 그 뒤 2년은 질투와 의심으로 고통받는 날들이었다. 남편은 지방 공연을 떠난다는 거짓말을 반복하면서, 가스미보다 일곱 살이나 많은 여자와 사랑에 빠져 여기저기 묵으며 돌아다녔다.

일곱 살 연상이라는 점이 마음에 들지 않았다. 기왕 만나려면 스무 살이나 그 전후의 여자애가 상대이길 바랐다.

어두운 얼굴로 우울해하는 가스미를 위로하면서 앞뒤가 맞지 않는 변명을 하고는 얼른 기타 케이스를 들고 집을 나서는 남편의 뒷모습이 망막에 새겨져 지워지지 않았다. 거짓된 변명을 계속하던 남편이 평소와 다름없는 상냥한 눈빛으로 사실을 고백할 때의 어딘지 안도하는 듯 표변한 얼굴, 위자료 못 줘서 미안하다, 이런 변변치 못한 놈과 결혼하고 만 가스미가 불쌍하다, 라며 가짜가 분명한 눈물을 글썽거리는 모습 등 모든 것이 가스미를 아프게 했다.

이혼하여 혼자가 된 뒤로 가스미는 전차를 탈 수 없게 되었다. 뿐만 아니라 아침에 일어나 몸단장하는 것조차 불가능해졌다. 그럭저럭 남들처럼 생활할 수 있게 보증해 주던 사무직 일도 그만두지 않을 수 없었다.

좁은 아파트에서 허구헌 날 제대로 챙겨 먹지 못하고 있자니 문득 살아 봐야 별 수 없다는 기분에 빠졌다.

친구가 몇 명 있다고 생각했지만 막상 뚜껑을 열고 보니 다들 육아나 직장에 쫓기느라 바빴다. 변변치 못한 남편의 외도 때문에 이혼했다는 어디서나 들을 수 있는 흔해 빠진 사연에 동정을 보여 주고 진심으로 아픔을 함께해 줄 친구는 한 명도 없었다.

그런 가스미를 걱정해서 "이쪽으로 와"라고 말해 준 이가 두 살 많은 사촌이자 어릴 적 동무이기도 한 가쓰히코였다.

이 마을에서 자란 준코와 학창 시절 사랑에 빠져 졸업하자마자 결혼한 가쓰히코는 외동딸인 준코의 부친이 경영하는 지역 건설사 무카이건설에 입사했다. 그러고는 사위로서가 아니라 젊은 나이에 어울리지 않게 추진력 있는 일처리를 인정받아 서른다섯 살이 되기도 전에 일찌감치 장인의 확고한 후계자라는 지위를 쌓았다.

"나는 물론이고 준코도 많이 걱정하고 있어." 가스미의 휴대전화로 연락한 가쓰히코는 말했다. "밥은 잘 챙겨 먹고 있는 거야?"

"응, 괜찮아."

"괜찮은 목소리가 아닌데"라며 가쓰히코는 대뜸 화제를 바꾸었다. "우리 회사가 시공해서 임대하는 아파트가 있어. 1인 가구나 젊은 부부가 선호하는 복층형 아파트야. 1층에 거실 겸 주방과 욕실이 있고 2층에 6첩 방과 한 평짜리 워크인 클로젯이 달려 있어. 작지만 승강기도 설치되어 있고 최근에 준공한 신축이야. 아직 입주자도 많지 않으니까 내 권한으로 가스미에게 빌려 줄 수 있어. 여긴 시골 마을이지만 공기도 좋고 살기도 편해. 이 마을에 일단 자리를 잡고 잠시 아무 생각 말고 편히 쉬라고. 가스미만 좋다면 매일 우리 집에서 같이 저녁을 먹어도 괜찮겠지. 준코도 그렇게 했으면 좋겠대. 말상대가 생기면 좋을 거라면서. 간밤에도 그 이야기를 했거든. 어때?"

친절하고 인정 넘치는 외사촌의 제안을 놓고 가스미가 망설인 이유는 하나밖에 없었다. 당장 수입이 없고 회사원 시절에 저금한 얼마 안 되는 예금을 헐어서 사는 생활에 전혀 자신을 가질 수 없었던 것이다. 이제 와서 낯선 곳으로 이사해서 일도 하지 않고 태평하게 요양하는 기분으로 호사스럽게 산다는 게 가당키나 한가.

하지만 솔직하게 불안을 털어놓자 가쓰히코가 일소에 붙였다. 일할 수 있을 만큼 건강해지는 대로 무카이건설에서 일을 시켜줄 테니까 그런 줄 알고 있으라고 했다.

"하지만 언제 건강해질 수 있을지 전혀 짐작이 안 되니까. 금방 나빠질 것 같은 느낌도 들고, 게다가 부끄럽지만 신축 아파트라면 도저히 집세를 감당할 수 없어."

"빌려준댔지 집세 내라는 소리는 안 했잖아"라며 가쓰히코는 크게 헛기침을 했다. "당분간 무료로 써도 괜찮아. 광열비 정도는 내야겠지만. 저녁은 우리 집에서 먹으면 식비도 필요 없고."

"말도 안 돼. 갓짱한테 그렇게까지 빌붙을 수는 없어."

가스미가 그렇게 말했지만 가쓰히코는 들은 척도 하지 않았다. "나는 말야, 쓰레기 같은 형편없는 놈한테 휘둘려 반송장처럼 돼버린 사람을 그냥 두고 보지 못하는 성격이야. 여하튼 그런 데서 계속 혼자 마음고생 하지 말고 얼른 이쪽으로 와. 여기에 오기만 하면 이런저런 절차도 우리 부부가 알아서 밟아 줄 테니까 걱정하지 말고."

"하지만 그렇게까지……."

"이런 꿈 같은 얘기를 무시한다면 구제할 길 없는 바보거나 나를 요만큼도 믿지 않거나 둘 중에 하나겠지."

"갓짱이라면 세상에서 제일 신용하지."

"그럼 긴 말 말고 당장 움직여. 알겠지?"

좋고 싫고의 문제가 아니었다. 생각해 보면 달리 선택지도 없고, 헤어진 남자와 살던 채광이 안 좋은 임대 아파트에 계속 살아야 할 이유도 없었다.

……장마가 예년보다 일찍 끝난 탓에 주위에는 이미 한여름 풍경이 펼쳐져 있었다. 볕으로 나가니 역시 이글거리는 더위였지만 나무 그늘에 들어서면 시원했고 페달 밟는 발에도 힘이 들어갔다. 가스미는 깊이 호흡하여 맑은 공기를 마셨다.

마을은 강을 가운데 두고 좌우에 길게 자리 잡고 있다. 그리 크지 않은 강이지만 지리에 어두운 사람이라도 길을 헤매지 않는 것은 언제든 강을 중심으로 도시 전체를 부감할 수 있기 때문이다.

강 하류를 바라볼 때 왼쪽에 가장 가까운 전차 역이 있고, 역 옆으로 작은 상업시설, 한적한 상가가 한 덩어리를 이루고 있다. 시청이나 종합병원, 초중등학교나 대형 슈퍼마켓은 전부 강 왼쪽에 있었다.

한편 강 오른쪽에는 논밭과 들판, 봉긋한 잡목림이 많아 눈에 띄었다. 그 가운데 민가도 흩어져 있고 오래전부터 장사를 해 온 듯한 개인 상점도 몇 채 나란히 있었다.

이 마을에 살기 시작하고 두 달이 지났지만 강 오른쪽으로 가 보는 것은 처음이었다. 특별한 볼일도 없었고 강가를 산책해도 왼쪽으로 충분했으니까.

강에 걸린 다리를 건너는 동안 마주친 것은 경트럭 한 대가 전부였다. 잡목림에서 들려오는 여러 종류의 매미 소리 외에는 고요했다. 강 왼쪽의 역 주변과는 전혀 다른 정적이었다.

햇살은 따갑지만 나무들 사이를 지나가는 바람은 상쾌했다. 목덜미나 이마에 밴 땀이 기분 좋게 느껴졌다. 나뭇잎 사이로 떨어지는 햇살이 아른대는 대지를 자전거로 달리며 가스미는 그 상쾌함에 기분이 조금씩 밝아지는 것을 느꼈다.

다리를 건너 오른쪽 지구를 몇 분쯤 달렸을 때였다. 골목 안 나무 그늘이 드리운 곳에 아담하고 낡은 건물이 서 있는 풍경이 보였다. 도시에서는 거의 볼 수 없게 된 일식과 양식이 절충된 단층 건물이었다. 가만히 바라보는데 문기둥에 '히카게 치과 의원'이라고 새겨진 거뭇한 나무 간판이 걸려 있다.

오, 역시 있었구나, 하며 가스미는 안장에 앉은 채 한쪽 다리로 땅을 디디며 씩 웃었다. 지방의 작은 도시에는 예외 없이 이렇게 오래된 치과 의원이 있게 마련이다.

골목 주위에 다른 주택은 보이지 않았다. 잡목림뿐 아니라 풀들이 멋대로 자라 벌판으로 변해 버린 공터, 밭 따위에 에워싸여 조금 쓸쓸한 구역이기는 했지만, 누가 봐도 오래전부터 있었던 것으로 보이는 치과 의원이었다.

가스미는 자전거를 천천히 밀며 가까이 가 보았다. 히카게日影 = 햇볕치과 의원이라는 이름을 '히카게日陰 = 응달'로 바꾸는 게 낫지 않을까 하고 생각하니 재미있었다.

건물 뒤쪽은 관리한 흔적이 없는 잡목림이다. 잎이 너무 무성해서 볕이 차단되어 건물은 글자 그대로 그늘 속에 삼켜진 것처럼 보인다.

안쪽으로 활짝 열린 나무 문에는 진료 시간을 안내하는 보드가 녹슨 철사로 매달려 있었다. 의원의 전화번호와 진료 시간이 적혀 있다. 보드는 낡을 대로 낡아서 곳곳에 글자가 흐릿하다. 진료 시간은 9~12시, 14~18시, 휴진일은 수요일, 일요일, 경축일……인 모양이다. 오늘은 목요일이고 더구나 시각은 오후 3시 10분이었다.

문에서부터 이끼 낀 징검돌이 줄지어 있다. 지붕에는 위엄 있는 검은 전통 기와를 얹은 반면 쌍여닫이 현관문은 요철이 있는 견고해 뵈는 유리가 색 바랜 푸른색 나무틀에 끼워져 있었다. 문 윗부분의 반원형 색유리는 스테인드글라스를 모방한 매우 저렴한 것이었다.

그야말로 막연히 상상하던 이상적인 치과 의원 풍경이었다. 조용하고, 예약 없이 가도 흔쾌히 받아 주고, 나른한 여름날 오후면 치아 연마하는 소리만 들리고, 그 소리조차 점차 멀어져 가다가 깜빡 졸 것 같은 한가로운 시골 치과 의원……

원하던 것을 금방 찾아 크게 만족한 가스미는 의원 문을 지나 출입에 방해되지 않도록 자전거를 세워 두고 어깨에 대각선으로 두른 백을 옆구리에 안았다. 나뭇잎 사이로 떨어지는 햇살이 소리 없이 아른거리고 있었다. 징검돌을 걷는데 어디선가 직박구리가 지저귀며 날아가는 소리가 들렸다. 시원한 바람이 불어 와 뒤쪽 잡목림 나무들이 사르락사르락 나뭇잎 스치는 소리를 냈다.

내부가 어두워 잘 보이지는 않았지만 현관 바닥에는 외부 빛이 희미하게 비껴들고 있었다. 어른용으로 보이는 칙칙한 색의 신발 세 켤레가 가지런히 놓여 있는 것이 눈에 들어왔다.

'히카게 치과 의원'이라고 유성 펜으로 쓴 갈색 비닐 슬리퍼를 꿰신은 가스미는 아직 어둠에 적응하지 못한 눈을 깜빡였다.

접수 창구는 정면. 그 왼쪽에 진찰실 문. 문에 면한 복도 안쪽이 대기실을 겸하는 듯했다.

복도 벽을 따라 장의자 세 개가 나란히 놓여 있고 가운데 제일 안쪽에 있는 장의자에 사람 그림자가 보였다. 복도가 어둑한 탓에 흐릿했지만 먼저 온 손님이 있으니 차례가 되려면 조금 기다려야겠다고 가스미는 생각했다.

접수 창구에는 불투명 유리를 끼운 작은 창이 있었다. 창은 닫혀 있다. 안에서는 희미하게 치아 연마하는 소리가 들렸다.

가스미는 작은 창유리를 살짝 두드렸다. 가볍게 헛기침하며 "실례합니다"라고 소리 내어 말했다.

잠시 기다렸지만 반응이 없었다. 하지만 작은 창의 불투명 유리에는 분명히 사람 그림자로 보이는 것이 비치고 있었다.

가스미는 작은 창에 손을 대고 "실례합니다" 하며 살짝 당겨 보았다. 열린 작은 창 바로 너머에는 흰 가운에 마스크를 한 여자가 서 있었다. 여자는 양손을 맥없이 늘어뜨린 채 가스미 쪽이 아닌 허공을 쳐다보고 있다.

안쪽에서는 치아 연마하는 소리가 들렸다. 노크 소리가 그 소리 때문에 들리지 않았던 걸까. 여자의 모습이 묘했다.

"저어," 가스미가 조심스레 말을 건넸다. "실례합니다, 처음 왔습니다만…….."

여자가 가스미 쪽으로 천천히 얼굴을 돌렸다. 동작 하나하나가 몹시 힘들어 보여 딱할 정도였다.

서른일고여덟 쯤으로 보이는 여자였다. 홀쭉하게 마른 몸에 키가 컸다. 머리는 목 옆에서 가지런히 친 보브커트였다. 앞머리를 길게 내린데다 커다란 마스크를 하고 있어서 얼굴이 거의 보이지 않았다. 마스크와 앞머리 사이에 간신히 보이는 두 눈은 실처럼 가늘지만 상상되는 용모는 아름답다고 할 수도 있을 것 같았다.

"저어…… 실은요 제가, 아까, 딱딱한 쌀과자를 먹다가 어금니에 씌운 크라운이 그대로 쏙 빠져 버려서" 하고 가스미는 최대한 명랑한 투로 말했다. "큰 구멍이 난 상태인데, 가능하다면 빨리 씌우고 싶어서요."

여자는 고개를 살짝 끄덕이고 낮고 둔한 소리로 물었다. "건강 보험증은 가져오셨나요?"

가스미는 "아, 네" 하며 얼른 지갑 속을 뒤졌다. 여자는 보험증을 받아들자 고개를 살짝 숙인 자세가 되었다. 양쪽 머리카락이 여자의 얼굴을 가렸다.

"차례가 되면 말씀드릴 테니까 잠시 기다려 주세요."

냉랭하게 작은 창을 닫으려 해서 가스미가 얼른 손으로 막으며 물었다. "실례합니다, 벗겨진 크라운을 일단 가져와 봤는데…… 저어, 그걸 그대로 다시 씌워 주실 수는 없을까요?"

여자는 답하지 않았다. 작은 창 너머에서 얼굴을 숙인 채 "잠시 기다려 주세요. 시간 되면 불러 드릴게요" 하고 작은 소리로 반복할 뿐이었다.

작은 창이 스르륵 닫혔다. 여자가 아니라 바람 같은 것이 자연스럽게 닫은 듯한 움직임이었다.

가스미는 문득 말할 수 없는 불안에 빠졌다. 위장에 경련이 일어난 느낌이다. 이가 망가질 때면 늘 이렇다. 기억에 남아 있는 긴장감과 공포감을 동반한 불안감이 밀려온다. 하지만 뭔가가 조금 다른 것 같기도 했다.

대기실을 겸한 복도 끝에는 창문이 있었다. 크게 열려 있지만 바깥에 빽빽하게 자란 나무들 때문에 빛이 전혀 들어오지 않는다. 천장 조명도 꺼져 있다. 그 탓에 복도는 폭풍 부는 날의 해 질

무렵처럼 어둑하다.

나란히 놓인 장의자 세 개 가운데 창문과 가까운 맨 구석에 놓인 장의자에는 세 사람이 앉아 있었다. 대여섯 살로 보이는 작은 여자아이와, 그 아이를 가운데 두고 앉은 노부부였다.

노부부는 고개를 살짝 숙인 자세로 옆에 앉힌 어린아이에게 눈동자만 향하고 있었다. 두 노인 모두 잿빛에 가까운 폴로셔츠에 같은 색 계열의 바지를 입고, 남편은 반백머리, 부인은 깨끗한 백발을 뒤에서 작게 틀어 올렸다.

부부의 보호를 받는 양 가운데 앉은 여자아이는 길게 기른 흑발을 양쪽 귀 옆에서 땋고 하얀 리본을 달았다. 동글게 생긴 목깃에 하얀 반소매 블라우스에 감색 플리츠 스커트. 두 다리를 아무렇게나 뻗고 쉴 새 없이 흔들어 대고 있지만 대체로 얌전한 편이다. 부산하게 돌아다니거나 찡얼거리거나 하는 모습은 볼 수 없었다.

가스미는 그들과 장의자 하나를 사이에 둔 제일 앞쪽 장의자에 가만히 앉았다.

목제 장의자에는 자투리 천으로 만든 것처럼 보이는 긴 방석이 깔려 있었다. 방석은 오래전에 탄력을 잃고 종이처럼 납작해져 있다. 앉고 보니 축축한 냉기가 느껴졌다. 젖어 있나? 싶을 만큼 축축했다.

세 사람은 말없이 가만히 앉아 있다. 진료 받을 사람이 여자아이인지 노부부인지, 아니면 세 사람 모두인지 알 수 없었고, 만약 그렇다면 가스미의 차례는 네 번째가 되는 셈이다.

대기실에는 다른 치과 의원에서 흔히 볼 수 있는 잡지나 만화 따위가 보이지 않았다. 벽에는 낡은 금속 액자에 담긴 풍경화가 한 장. 어떤 산을 그린 것인데 유명 화가가 그렸는지 아마추어가 그렸는지 짐작하기 힘들다.

진료실 안에서는 변함없이 치아 연마하는 소리가 계속되고 있었다. 말소리나 다른 소리는 전혀 들리지 않는다.

안쪽 장의자에서 작은 기척이 있었다. 옷 스치는 소리가 작게 들려왔을 뿐이지만 가스미는 고개를 돌려 세 사람 쪽을 힐끔 보았다.

노부부는 변함없이 고개를 조금 숙인 자세로 꼼짝하지 않았고 가운데 앉은 여자애가 그때까지 품에 안고 있던 무언가를 열심히 만지작거리고 있었다.

그때까지 알아채지 못하고 있던 것들이 비로소 가스미의 눈에 날아들었다. 아이는, 흑발이 풍성하여 자못 고급스러워 보이는 이치마쓰 인형풍성한 흑발을 가진 소년 인형으로, 옷을 갈아입히며 노는 인형이다을 만지작거리는 중이었다.

짙은 주황색에 금사 은사로 자수한 화사한 기모노를 입혀 놓았다. 오비는 금색. 오비아게는 진홍색. 오비토메는 흰색오비는 기모노에 두르는 폭 넓은 허리띠. 오비아게는 오비가 처지지 않도록 보조하는 헝겊 끈. 오비토메는 끈에 꿰어 오비 앞쪽을 장식하는 작은 액세서리. 가슴까지 내려오는 오캇파머리요즘의 보브컷과 유사한 일본의 전통 머리 모양를 한 전통 인형으로, 키는 30센티미터 정도.

이치마쓰 인형이라면 대개 받침대에 세운 모습으로 팔린다. 가스미도 백화점 인형 매장 같은 데서 몇 번 보았다. 하지만 여자아이가 안고 있는 인형은 분명히 받침대가 없어, 허리를 구부릴 수도 품에 안고 놀 수도 있을 것 같다.

아이는 인형 허리를 접어 무릎에 올려놓고 서툰 손놀림으로 머리카락이나 기모노를 조용히 쓰다듬고 있었다. 인형의 하얀 얼굴은 잘 보이는데 아이의 옆얼굴은 잘 보이지 않았다.

판다나 토끼 봉제 인형이 아닌 게 뭐 어때서, 라고 가스미는 스스로에게 말했다. 요즘 어린 여자아이가 고풍스러운 이치마쓰 인형을 안고 있는 게 무슨 대수라고. 동물 모양의 봉제 인형보다 사람 인형이 더 좋다는 아이도 많다. 그것이 이치마쓰 인형이 되었을 뿐이다. 아마 저 인형은 손녀를 지극히 아끼는 조부모가 선물했겠지⋯⋯.

가스미는 눈길을 돌려 정면을 바라보며 허리를 곧게 폈다. 별난 아이인 것은 사실이지만 아이들이란 종종 어른이 이해할 수 없는 물건에 집착한다. 가스미도 어릴 때 어머니가 만들어 준 장갑 인형을 좋아해서, 장갑 끼는 계절이 되어도 장갑 인형만 주머니에 넣고 다녔다.

밖에서 매미 소리가 시끄럽다. 유지매미, 애매미가 부르는 영원히 끝나지 않는 단조로운 혼성합창 같다. 매미 소리 사이로 치아 연마하는 소리가 들린다. 무슨 시술을 하는 걸까. 이렇게 한참을 연마해야 하는 환자가 있는 걸까? 가스미의 관자놀이에 한 줄기 땀방울이 흘러내렸다.

원내에는 에어컨이 없고 선풍기도 보이지 않았다. 여지껏 알아채지 못했던 까닭은 햇빛이 차단된 건물 특유의 냉기 탓에 더위를 느끼지 못해서인지도 모른다.

하지만 가스미는 문득 등과 목덜미가 식은땀으로 푹 젖은 것을 느꼈다. 기분이 언짢아졌다.

시간이 어느 정도나 흘렀는지 알 수 없었다. 접수 창구에 보험증을 건네주고 불과 십수 분밖에 지나지 않았겠지만 한 시간 이상은 거뜬히 지난 느낌도 든다.

장의자에 앉은 세 사람은 여전히 대화를 나누는 모습이 없다. 아까까지 이치마쓰 인형을 만지작거리던 여자아이도 지금은 꼼짝 않고 있다.

달리 할 일도 없어서 가스미는 가방을 열고 스마트폰을 꺼냈다. 그곳이 전파 수신이 안 되는 곳이라는 사실을 알았을 때 진료실 문이 기익, 소리와 함께 열렸다.

접수 창구에 있던 마스크 쓴 여자가 가스미의 이름을 부르고 "오래 기다리셨습니다. 안으로 들어오세요"라고 말했다.

가스미는 일어섰지만 장의자 쪽을 힐끔 돌아다보고 "저어……하지만……" 하고 말했다. "괜찮을까요? 저분들이 먼저 오신 것 같은데……."

마스크 여자는 들었는지 못 들었는지 아무 반응도 없이 가스미를 똑바로 쳐다보며 단호한 말투로 "안으로 들어오세요"라고 반복했다.

짜증 난 것처럼 들리기도 했다. 가스미는 황급히 가방을 들고 진료실 안으로 잔달음질해 들어갔다.

진료 순서는 의사가 정하기도 한다. 대기실 장의자에 있던 세 사람은 시간이 오래 걸리는 특수한 치료여서 뒤로 밀렸는지도 모른다.

진료실은 널찍했다. 바닥은 하얀 타일. 중앙에 치료대가 두 대. 주위 벽을 따라 자잘한 치과 관련 소품이나 치료 기구가 가지런히 놓여 있었다. 복도와 마찬가지로 진료실 전체가 어둑했지만 치료대 주변은 조명이 눈부시게 켜져 있었다. 강렬한 밝기 탓에 빛이 미치지 않는 구석 쪽은 어디나 먹물이 밴 것처럼 꺼매 보였다.

의사는 40대 초반으로 짐작되는 남자였다. 접수 창구 여자와 마찬가지로 키가 크고 커다란 마스크를 썼다. 이마 위쪽 머리카락이 조금 성기고 살쩍 주변에 새치도 섞여 있다는 것 말고는 이렇다 할 특징이 없었다. 마스크 위로 보이는 눈은 움푹 꺼져 있는 탓인지 윤곽조차 확실치 않았다.

의사가 아니라 접수 창구에 있던 여자가 "이쪽으로 오세요"라고 말했고, 가스미는 오른쪽 진찰대에 앉았다.

비닐 가리개를 목에 둘러 줄 때 가스미는 어금니 크라운을 의사에게 전했다.

떨어져 나온 크라운을 가져왔다고 말하려고 했지만 즉시 진찰대에 눕혀졌다. 치료를 시작하려는 의사의 기세에 압도되어 아무 말도 할 수 없었다.

입을 벌려 보세요, 라고 말하는 의사의 목소리가 들린 것 같았다. 모기소리처럼 작고 가는 목소리였다.

입을 벌리며 눈을 감았다. 긴장했는데도 묘하게 아득해지는 의식 속에서 가스미는 방금 전까지 들리던 치아 연마하는 소리를 떠올렸다. 진료실에서 치료를 마치고 나오는 환자를 보지 못했다. 그걸 못 볼 수는 없다. 내내 같은 장의자에 앉아 진료실 문이 열리기를 기다리고 있었으니까.

진료실에 환자가 아무도 없었던 걸까? 그렇다면 그 치아 연마하는 소리는 무엇이었지? 의치를 가공하고 있었나? 하지만 의치라면 보통은 치기공사가 만들지 않나? 더구나 진료 시간대에 환자를 기다리게 해 놓고 의사가 몸소 의치 가공에 열중한다고는 생각할 수 없다.

치료가 시작되었다. 의사는 자못 익숙한 손놀림으로 가스미의 크게 뚫린 어금니 구멍을 연마해서 매끄럽게 만들고 본을 뜨기 시작했다. 시간이 걸렸지만 통증은 전혀 없었다. 곁에는 마스크 쓴 여자가 보조하고 있었다. 접수 창구에 있던 여자인데, 자격증이 있는 치위생사인 듯했다. 의사에게 기구를 건네 주거나 가스미의 입안에 가느다란 석션을 집어넣어 타액을 제거하는 등 쉴 틈 없이 바지런하게 손을 움직였다. 의사의 시술과 정확히 연동

되는 매끄러운 동작이었다.

진료실 창문이 열려 있는지 시원한 산들바람이 느껴졌다. 뒤쪽 잡목림의 매미 소리가 들려온다. 가스미의 긴장과 영문 모를 불안은 점차 옅어졌다. 의사의 손놀림은 정확하고 빠릿빠릿했으며 몸을 눕힌 진찰대도 편안했다.

감고 있는 눈꺼풀에 진찰대를 비추는 오렌지 빛 조명이 느껴졌다. 문득 편안한 잠으로 빠져들었다. 치아 본을 뜨느라 시간을 끌고 있을 때도 입을 절반쯤 벌린 채 어느새 깜빡깜빡 졸았다. 그때마다 가스미는 당황해서 숨을 크게 들이마시고 정신을 바짝 차리려고 했다.

거반 잠이 든 채 본뜨기가 끝나고 구멍이 메꾸어졌다. 입안을 헹구세요, 라는 말에 가스미가 윗몸을 일으키고 컵에 담긴 물로 가글을 하는데 마스크 쓴 여자가 "다음 주 월요일에 오실 수 있으세요?"라고 물었다.

"아, 네. 괜찮아요."

"오늘은 임시로 메꿔 놓은 거예요. 어디까지나 임시니까 월요일까지 너무 딱딱한 음식은 씹지 마세요."

"그럼 월요일이면 새 크라운을 씌울 수 있나요?"

"그렇습니다."

"빠르네요. 도쿄에서는 본뜨기부터 완성까지 시간이 더 걸렸던 것 같은데."

"그런가요?"

"고맙습니다. 한결 좋아졌어요. 구멍이 난 채 두면 이쪽으로는 씹을 수 없는데 어떡하나 했거든요. 저…… 도쿄에서 이곳으로 얼마 전에 이사한 참이라 여기 치과가 있는지는 몰랐습니다. 그래도 예약 없이 와 봤던 거예요."

마스크 여자는 가는 눈을 더욱 가늘게 했지만 아무 말도 하지 않았다.

그때는 이미 의사가 보이지 않았다. 마스크 여자가 가스미의 목에 두른 비닐 가리개를 벗겼다.

바로 접수 창구 쪽으로 가려고 하는 여자에게 "저어" 하고 가스미가 말을 걸었다.

여자는 걸음을 멈추었지만 돌아보지는 않았다. 여자의 가녀린 체구가 어둑한 진찰실 안에 희미하게 떠올랐다.

"……순서를 당겨 주신 것 같은데, 고맙습니다."

여자는 그 말에는 대답하지 않았다. 마치 가스미에게 아무 말도 듣지 못한 것처럼 그대로 소리 없이 접수 창구 쪽으로 가는가 싶더니 어둑한 그늘에 싸여 보이지 않게 되었다.

가스미는 하얗고 차가운 타일 위를 걸어 진료실 문을 열고 복도로 나왔다. 장의자에 있던 세 사람이 보이지 않았다.

뭐지? 하고 가스미는 생각했다. 그 세 사람은 치료를 받으러 온 게 아니라 다른 볼일이 있었나 보다. ……그렇게 생각하니 납득이 가는 듯 마는 듯했다.

곧 접수 창구의 작은 창이 열려서 가스미는 얼른 그 앞으로 갔다. 마스크 여자가 가스미에게 건강보험증을 돌려주며 그날의 진료비를 고했다. 생각보다 저렴했다. 하지만 월요일에 크라운을 씌울 때는 그에 상응하는 금액이 청구될 거라고 각오해야겠지.

예정에 없던 부담스러운 지출임은 분명했다. 하지만 이것만은 피할 수 없는 일이다.

"정말 고마워요. 수고하셨습니다." 가스미는 다시 한 번 진심을 담아 마스크 여자에게 말했다.

여자는 고개를 끄덕이며 눈을 가늘게 떴다. 안녕히 가세요, 라고 말한 것 같았다. 작은 창문이 스르륵 닫혔다.

아무도 없는 대기실의 활짝 열린 창문 밖에서 다시 직박구리가 새된 소리로 울었다. 짙푸른 나무들이 일제히 바람에 술렁이고 창틀에 스쳐 사락사락 소리를 냈다.

신고 있던 슬리퍼를 벗어 원래 자리에 가지런히 놓았다. 현관 바닥에 벗어 둔 신발을 신으며 가스미는 문득 뒤를 돌아다보았다. 누군가 쳐다보고 있는 것처럼 느껴져서였지만 그냥 착각이었고, 창문으로 들어오는 저녁 바람에 접수 창구 옆에 붙여 둔 충치 예방 포스터의 벗겨진 부분이 팔랑거리고 있을 뿐이었다.

"히카게 치과 의원?"

그렇게 반문하며 가쓰히코는 캔맥주를 가스미의 잔과 자기 잔에 공평하게 따랐다.

"처음 듣는걸. 요즘 이곳 사람들은 다들 역 근처 치과에 다니니까. 새 기계일수록 아프지 않을 테고 임플란트 시술도 가능하거든. 게다가 위생사 아가씨들도 다들 귀엽다고 우리 회사 젊은 사람들이 난리야."

"하지만 그 치과도 전혀 아프지 않았어. 아주 능숙하던걸." 가스미는 가쓰히코가 권하는 대로 맥주잔을 가볍게 들어 꿀꺽꿀꺽 마셨다. "기계는 낡아도 기술이 좋은 의사라면 아프지 않게 시술할 수 있겠지."

"그야 그렇겠지. 돌팔이라면 아무리 최신식 기계를 안겨 줘도 무통 치료는 힘들어. 아, 가스미, 풋콩이 싱거우면 이거."

그렇게 말하며 가쓰히코는 식탁에 있는 작은 소금통을 가스미에게 내밀고, 막 구워 낸 햄버거를 가져온 아내 준코에게 "여보, 히카게 치과 의원이라고 알아?"라고 물었다.

"응? 히카게? 그게 뭔데?"

"가스미가 다녀왔다는데, 실력이 좋다고 하네."

"그래? 들어 본 적 없는데, 어디쯤에 있는데?"

"강 오른쪽" 하고 가스미가 말했다. "준코 씨, 몰라?"

"들어 본 적 없어. 어릴 때 다니던 치과는 역 근처였고. 요즘은 병원이 거의 다 역 주변에 모여 있으니까. 유키는? 아는 데야? 히카게 치과 의원."

그해 봄 초등학교에 입학한 가쓰히코 부부의 외아들 유키는 김이 오르는 햄버거에 정신이 팔려 "몰라" 하고 냉큼 대답했다.

"하지만 괜찮은 의사였어. 오늘이 두 번째 방문이었는데, 막 도착한 새 크라운을 씌워 주었어. 시술도 척척이고 정말 능숙했어"
라고 가스미가 말했다.

"크라운이라면, 금으로 씌우는 그거?"

"맞아. 금은 아니고 은색이지만."

"가스미 짱, 왜 그게 벗겨졌어?"

쌀과자 먹다가, 라고 가스미가 말하자 준코는 장난스럽게 웃으
며 "엄청 끈적끈적한 쌀과자였나 봐" 하고 놀렸다. "이제 뭐든 먹
을 수 있겠네?"

"응, 뭐든지 오케이."

"잘됐네. 나한테 물어봤으면 역 근처 치과를 소개해 주었을 텐
데. 우리는 부모님부터 온 가족이 전부 그 치과에 다녀."

"그래, 그럴까 생각했는데" 하고 가스미는 작은 거짓말을 했다.
"마침 자전거 좀 타 볼까 하던 참이었거든. 자전거 타다가 우연히
발견했어, 그 치과. 별로 아프지도 않고, 벗겨진 걸 다시 씌우는
것뿐이니까 여기도 괜찮겠다 싶었지."

"그래? 잘 했네. 좋았다니까 다행이야. 아, 갓짱, 내 잔에도 맥
주 좀. 이제 감자 샐러드만 내오면 끝이니까."

"오케이" 하며 가쓰히코는 캔맥주를 따서 준코 잔에 맥주를 따
랐다.

가스미는 준코를 거들려고 주방으로 가서 감자 샐러드를 담은
볼과 작은 접시를 들고 식탁으로 돌아왔다. 벌써 햄버거를 먹기
시작한 유키를 바라보며 가쓰히코, 준코와 함께 풋콩과 모로큐ㅇ

이를 된장에 버무리거나 곁들인 것, 냉두부 등을 안주로 맥주를 마셨다. 그렇게 평소와 다름없이 화기애애한 저녁 한때를 보냈다.

매일 저녁이라도 좋으니까 고민하지 말고 와, 라고 하지만, 아무래도 저녁마다 가쓰히코 집에 찾아갈 수는 없다. 가쓰히코가 집에 있을 때만, 이라고 가스미는 정해 두고 있었다. 그래도 혼자 보내는 긴 저녁을 견디지 못하고 어느새 걸음이 이 집으로 향하고 마는 날도 적지 않다.

역시 부담 없이 이야기할 수 있는 이 부부와 함께하면 잊었던 안식을 되찾을 수 있었다. 무엇보다도 가스미의 처지를 말없이 배려해 주는 부부에게 절로 고개가 숙여졌다. 이혼 이야기, 힘겨웠던 도쿄 생활 이야기는 전혀 나오지 않는다. 질문도 받아 보지 못했다. 부부는 가스미에게 요즘 상태가 어떠냐고 묻는 일 없이 특별할 것도 없고 부담도 없는 즐거운 화제를 제공해 주었다.

아들 유키가 학교에서 실수한 이야기를 들려주고 TV나 잡지에서 본 유명인 뒷이야기에 열을 올리며 깔깔 웃고 고개를 끄덕이며 감탄하다 보면 맥주나 소주의 취기가 오른다. 뒷정리를 돕고 때로는 유키의 숙제도 봐 준다.

자고 가면 좋을 텐데, 라고 하지만 그 말에 응한 적은 없다. 너무 늦기 전에 차량 통행이 많은 번화한 도로를 골라 자전거 페달을 밟아 아파트로 돌아온다.

달빛을 받으며, 이런 밤에 정신이 이상한 괴한에게 공격 받아 죽은들 무슨 대수랴, 하고 생각한 적도 없지 않다. 낯선 남자에게 이유도 없이 공격당해 칼로 난자당하고 가까운 덤불에 내동댕이 쳐진 채 썩어가는 자신을 상상한다. 그런 최후도 나답다고 생각하고 만다.

하지만 그것은 일종의 응석이었다. 한시라도 빨리 활력을 찾고 직장을 구하고 이 마을에서든 도쿄에서든 새로운 한 걸음을 내딛어야 한다. 비참한 과거에 빠져 한탄만 하고 있어서는 곤란하다.

"……아, 이름이 뭐였지, 그 치과." 맥주를 다 마시고 햄버거를 먹기 시작한 준코가 가스미에게 물었다.

"히카게 치과?"

준코는 고개를 크게 끄덕였다. "히카게……. 근데 좀 이상한 이름이네."

"그림자의 카게影가 아니라 음기의 카게陰로 하면 좋았을 거라는 생각이 들 정도로 정말 딱 그런 건물이었어. 뒤에 키 큰 나무들이 자라는 잡목림이 있어서 나무 그늘 때문에 볕이 전혀 들지 않아 어둑하거든."

"흠. 그런데 예전에는 그런 치과가 많았잖아? 제법 분위기 있네. 그리워. 그렇게 오래 된 치과라면 우리 부모님이 아실지도 모르지"라고 준코가 말했다. "다음에 만나면 물어볼게. 꽤 괜찮은 의사 아냐? 나이는 어느 정도나 돼 보여?"

"아마 마흔이 조금 넘었으려나. 부부 둘이 운영하는 것 같아."

"대기 시간은 어때?"

"전혀. 우연이었는지 모르지만 환자가 나뿐이었어."

"예약은 필요 없어?"

"물론이지. 나도 그냥 갔었어. 별로 잘 되는 곳 같지는 않아. 그 래서…… 의사로서는 어떤지 실상은 잘 모르지."

"실력만 좋으면 됐지. 한가하면 더욱 좋고. 치과 갈 일이 있으 면 유키도 데려가 볼까. 실력이 뛰어난데도 한가로운 치과는 요 즘 찾기 힘들거든. 그렇지, 유키?"

"나, 충치 같은 거 하나도 없는걸" 하고 유키가 말하자, "누가 그래?" 하고 가쓰히코가 끼어들었다.

"정말 없으니까. 치과 같은 덴 안 가. 그럴 필요가 없으니까"라 고 유키가 조숙한 말투로 도망가는 자세를 취해서 식탁은 웃음에 싸였다.

가스미는 그때 불쑥 별 이유도 없이 이치마쓰 인형을 안고 있 던 기묘한 여자아이를 떠올렸다. 여자아이와, 그 아이를 지켜보 듯 양쪽에 앉아 있던 노부부……. 그들은 가스미가 치료를 받는 사이에 돌아가 버렸지만, 대체 무슨 일로 그 치과의 어둑한 대기 실에 앉아 있었던 걸까.

두 번째로 가스미가 갔을 때는 치과 대기실에 아무도 없었다. 가스미 혼자 대기실 장의자에 앉아 있다가 호명을 받고 진료실에 들어가 지난번과 마찬가지로 거의 말이 없는 의사에게 크라운 시 술을 받고 잡담 한 마디 나누지 않은 채 치료비를 지불하고 돌아 왔던 것이다.

생각해 보면 기묘한 치과였다. 40대와 30대의 부부로 짐작되는 남녀는 아직 충분히 젊었다. 치위생사 여자는 미인이다. 의사도 키가 커서 두 사람은 잘 어울리는 부부라고 할 수 있었다. 대대로 내려온 시대에 한참 뒤쳐진 치과를 그런 부부가 함께 운영해야 할 이유는 어디에도 없을 것 같았다.

혹시 현재 어딘가에 새 치과 클리닉을 만드는 중이어서, 그곳이 완공될 때까지만 근근이 진료를 계속하고 있는 걸까. 하지만 그렇다고 하기에는 부부의 모습이 음울했다. 건물도 이름 그대로 그늘 속에 가라앉아 있었다. 치과 의사의 실력이 좋아서 이번에는 도움이 되었지만, 남에게 추천할 만한 치과라고는 장담할 수 없다고 가스미는 생각했다.

그런 이야기를 가쓰히코 부부에게 털어놓을까 했지만 왠지 저항이 느껴졌다. 이유는 알 수 없었다. 지금껏 경험한 일들을 자세히 설명하려고 하자 이내 머릿속이 혼란스러워졌다. 혹은 겨우 맥주 정도에 취기가 올라서 누군가에게 긴 이야기를 들려주기가 귀찮아진 걸까.

그래도 이치마쓰 인형, 여자아이, 노부부 같은 단어들은 떠오른다. 치과 내부의 어둑함, 차갑게 빛나는 하얀 타일이 깔린 수술실 같은 진료실, 아무 말이 없는 의사, 울창한 잡목림에 둘러싸인 부지…… 쉽게 말할 수 있는 장면들뿐이지만 전체를 매끄럽게 연결해서 설득력 있게 이야기한다는 것이 몹시 어려운 일처럼 느껴졌다.

화제에 올려 보기는 했지만 준코도 가스미가 다녀온 치과에 진지한 관심을 가진 눈치가 아니다. 식탁에서 오간 히카게 치과 의원에 관한 대화는 그것으로 끝났다.

화제는 잇달아 바뀌고 웃음소리가 그칠 새 없었다. 술에 그리 강하지 않은 가쓰히코는 금세 얼굴이 빨개졌다.

가스미는 권하는 대로 식후 커피를 마시고 디저트로 나온 거봉 포도를 조금 먹었다. 거봉 포도는 그날 가스미가 슈퍼마켓에서 사온 것이었다.

식사가 끝나자 준코와 함께 주방에 서서 설거지를 했다. 피부에 좋다는 허브티나 건강보조제, 향이 좋은 샤워 젤, 어깨 결림이나 생리통에 잘 듣는다는 발 마사지 등 여자들의 화제는 소소한 것들이었고, 바로 그래서 가스미는 마음이 편했다.

뒷정리를 마치고 거실로 돌아오자 가쓰히코는 소파에 큰 대 자로 누워 가슴에 쿠션을 올려놓은 채 코를 골고 유키는 그 곁에서 TV에 열중하고 있었다. 준코는 그런 아들을 상투적인 말로 꾸짖더니, 어서 목욕 하고 나오렴, 하고 부드럽게 명령했다.

모기향 냄새가 났다. 슬픈 일도 괴로운 일도 전혀 없을 것 같은 행복한 가족의 행복한 여름밤이었다.

시간이 흘러 해가 바뀌고 추운 겨울도 지나 봄의 숨결이 느껴질 즈음, 가스미는 가쓰히코의 배려로 무료로 살던 복층형 아파트를 나와 도쿄로 돌아가게 되었다.

한가로운 지방 생활과 가쓰히코 부부 덕분에 심신이 모두 활력을 회복해, 밑져야 본전이란 생각으로 도쿄에 있는 제법 이름이 알려진 중견 잡지사에 면접을 보러 갔다가 어렵지 않게 채용되었던 것이다.

편집부가 아니라 영업부이고 외근이 많다고 들었다. 이제 막 병을 털고 나온 참이라는 의식이 강해서 과연 체력과 정신력이 버텨 줄지 불안하고 초조했지만 급료도 결코 나쁘지 않고 주택수당도 있었다. 도망치지 말고 나약한 소리도 하지 말고 삶의 현장에서 버텨야 한다고 가스미는 자신을 질타하고 격려했다.

익숙지 않은 직장 생활이 당혹스럽기는 했지만 그래도 하루하루 업무가 조금씩 익숙해짐을 느꼈다. 사내 인간관계는 적당한 거리를 둬 조절했다. 아파트 2층의 방 두 개짜리 집에서 보내는 독신 생활은 조금씩 쾌적해졌다.

과거를 돌아볼 여유조차 없는 날들이 지나갔다. 지쳐서 잠에 떨어지면 아침까지 푹 자고 꿈도 꾸지 않았다. 토요일과 일요일은 밀린 빨래와 청소를 하고 장보러 나가 식재료를 마련하고 두고두고 먹을 수 있는 밑반찬도 몇 가지 미리 만들며 지냈다. 아주 드물게 기억의 밑바닥을 헤집어 생각하고 싶지도 않은 것들을 굳이 되살려 보는 일이 전혀 없지는 않았지만 그런 일도 점차 뜸해졌다.

가쓰히코나 준코하고는 전화로 이야기했다. 메일도 주고받았다. 준코는 빈번하게 제철 과일과 채소를 부쳐 주었다. 가스미는 그때마다 큰맘 먹고 백화점 지하에서 과자를 사서 보답했다.

그런 날들이 지나고 그해 가을도 끝나갈 즈음 가쓰히코가 연락해 왔다. 갑자기 업무 차 상경하게 되었는데, 저녁 일정이 비어 있으니 만나자는 내용이었다.

"당연히 만나야지. 근데 무슨 일이래, 갓짱이 업무 차 도쿄엘 오다니" 하고 가스미가 말하자 그는 낮은 소리로 "그러게" 하고 말했다.

어딘지 기운이 없는 사람처럼 느껴졌다. 기분 탓인지 그의 목소리 톤이 조금 높았는데, 뭔가 말하기 힘든 걸 품고 있는 사람 특유의 말투처럼 들렸다.

"근데 무슨 일 있어?"

"왜?"

"왠지 좀, 평소와 다른 느낌이 들어서."

"그래? 난 별일 없는데."

"그래? 그럼 내 기분 탓인가. 몇 시에 만날까? 뭐 먹고 싶은 거 있어?"

"몇 시든 상관없어. 가스미한테 맞출게."

"여섯 시 반이면 빡빡할까? 일곱 시면 돼?"

"좋아. 메뉴는 뭐든 좋아. 내가 쏠게."

"뭐야…… 갓짱한테는 내가 아무리 쏴도 부족할 지경인데 내가 사게 해 줘. 비싼 프랑스 요리까지는 못 가더라도 오뎅 가게 같은 데는 어때? 회사 근처에 조용하고 분위기 좋은 오뎅 가게가 있어. 예약도 할 수 있고."

"어, 그래. 그렇게 하지."

오뎅 가게는 가스미가 일하는 잡지사에 가까운 전차 역에서 도보로 5, 6분 걸리는 곳에 있었다. 회사 동료와 퇴근길에 들른 적이 있다. 큰 도로에 면한 주상복합빌딩 지하인데, 찾기 쉬운 곳이므로 가게에서 바로 만나기로 하고 통화를 마쳤다.

사흘 뒤 가스미가 약속대로 7시 정각에 오뎅 가게에 도착하니 카운터 제일 안쪽에 가쓰히코가 벌써 와서 앉아 있었다. 가게에는 그밖에 중년 남성 두 사람이 있을 뿐이었다.

"일찍 왔네, 갓짱. 나도 끝나기 무섭게 달려왔는데 오늘은 내가 졌네."

"출장 업무라지만 별일 아니거든. 예정보다 일찍 끝냈어."

가쓰히코는 그렇게 말하고 이미 마시고 있던 맥주를 단숨에 비웠다. "그럼 가스미는 뭘 마실래? 청주?"

"일단 맥주로 시작할게." 가스미는 이미 안면을 튼 가게 주인에게 생맥주를 주문했다. 가쓰히코는 카운터 안쪽을 들여다보고, 나는 무랑 치쿠와랑 두부동그랑땡 주세요, 그리고 데운 청주 한 병, 이라고 말했다. 나는 한펜다진 생선살에 마 등을 갈아 넣고 반달형으로 쪄서 굳힌 식품, 곤약, 두부동그랑땡, 이라고 가스미도 주문했고, 새로 나온 맥주와 청주로 가볍게 건배했다.

도쿄에서 지내는 이야기나 직장 이야기, 유키와 준코의 근황은 전화 통화와 메일을 자주 해 알고 있으므로 이렇다 할 화제는 많지 않았다.

해가 지자 바깥은 기온이 떨어져 추웠지만 가게 내부는 따뜻한 김이 피어오르고 있었다. 대화를 방해하지 않을 정도로 잔잔하게 유선방송 제이팝이 흐르고, 거기에 종종 중년 남성 두 사람의 커다란 웃음소리가 섞였다.

"근데, 가스미."

가쓰히코가 구부린 허리를 더욱 웅크리고 앞을 바라보며 말했다. 말을 꺼내기 힘든 듯한 투였다.

"왜?"

"아니…… 실은 오늘, 업무 차 왔다고 했지만…… 아니 업무도 있긴 했지만, 진짜 목적은 그게 아니야. 가스미에게 말하고 싶은 게 있어서 왔어."

"이건 또 무슨 소리? 새삼스럽게 정색을 하고, 무슨 일이야?"

"아니, 특별히 정색을 하고 할 이야기도 아니야."

"이상하네. ……안 좋은 이야기야?"

가쓰히코가 문득 자세를 바로하고 숨을 깊이 들이마셨다. "그래. 좋은 이야기라고는 할 수 없지."

가스미는 미간을 찡그렸다. "혹시, 준코 씨한테 무슨 일 있어? 아니면 유키한테?"

"아니, 그런 게 아냐. 순서대로 말하지. ……지금부터 2주쯤 전이었어. 현장에 나갔던 해체업자가 회사에 전화 연락을 했어. 내가 잘 아는 업자야. 우리 무카이건설에서 그 지역에 있는 어느 건물의 해체를 의뢰했거든. 다만 내가 아니라 다른 부서 사람이 의뢰한 건이라서 나는 모르고 있던 일이었어. 그 부서 사람들이 책임자부터 해서 그날은 공교롭게도 마침 모두 자리에 없는 바람에 전화가 나한테까지 돌아온 건데……."

무슨 이야기일지 짐작도 가지 않았다. 하지만 가스미는 왠지 그때 이미 가쓰히코가 하고자 하는 이야기의 무서움을 직감했다. 언젠가 반드시 듣게 될 이야기임을 오래전부터 알고 있던 기분이었다. 가스미는 긴장한 채 가쓰히코의 다음 말을 기다렸다.

"그래서, 지금부터가 중요한데, 해체를 맡은 업자가 전화로 말하기를 그 해체 현장에서……" 하고 가쓰히코는 잠깐 뜸을 두었다. "……이상한 게 나왔다는 거야."

"뭔데, 그게?"

"민가주택 철거 작업이었어. 대개 그런 민가는 쉽게 철거할 수 있어. 요즘은 해체한 뒤 가연성 폐기물과 불가연성 폐기물을 분리해야 하니까 예전보다 훨씬 시간이 걸리지만. 그래도 빌딩 해체하고는 차원이 다르지. 주택 해체는 힘든 작업이 아니야. 그런데……."

"……?"

"해체하던 주택 안에, 콘크리트로 튼튼하게 세운 벽이 있더래. 목조 주택인데 이상하다 싶어서 중장비로 그 벽을 쾅쾅 때려 부쉈다는데, 벽 너머로 작은 방이 나오더라는 거야."

가스미는 옆에 있는 가쓰히코를 쳐다보았다. 가쓰히코는 변함없이 정면을 바라본 채 고개를 조금 숙인 모습으로 이야기를 계속했다.

"어떻게 하면 좋겠냐고 묻더군, 업자가. 그러니까 경찰을 불러야 할지 말아야 할지 물었던 건데, 현장을 보지 못한 나로서는 상황을 파악할 수 없었지. 무슨 사건이 얽혀 있을지 모르잖아. 그냥 별난 사람이 작은 방을 만들어 놓았을 뿐인지도 모르고. 그래서 당장 갈 테니까 일단 그대로 두고 기다려 달라고 말하고 내가 직접 차를 몰아 현장으로 갔거든."

가쓰히코는 손수 잔에 술을 따랐다. 그것을 들이켜듯 비우고 나서 작게 한숨을 지었다.

"그런데 말이야, 이야기가 잠깐 돌아가지만, 그 주택 철거를 우리에게 의뢰한 사람이 어디 사는 누구인지 묘하게도 지금껏 알 수가 없어. 철거를 담당하는 부서 책임자도 간접적으로 전달받았을 뿐이라고 하고, 지인의 몇 다리 건너에 있는 누군가가 의뢰한 듯한데, 결국 어디 사는 누가 철거를 의뢰했는지 현재까지는 전혀 알지 못하고 있어. 그런데, 가스미. 그 주택이 뭘 하던 곳이었을 것 같아?"

"그런 걸……" 가스미는 웃어 보이려고 했지만 잘 되지 않았다. "……내가 알 리가 없잖아."

"……치과였어" 하고 가쓰히코는 말했다. "가스미가 다녔다는 치과. 히카게 치과 의원."

뭐라고 말하려고 했지만 입이 떨어지지 않았다. 가스미는 몸 속 깊은 곳에서 그것이 무엇인지 판단할 수 없을 만큼 희미한 오한이 스치는 것을 느꼈다.

"철거 작업 중에 의원 간판이 나왔어. 진찰실도 거의 그대로였다고 하고. 콘크리트로 막아 둔 작은 방은 그 진찰실 안쪽에 있었어. 비밀의 방이었거나, 아니면⋯⋯."

"잠깐만" 하고 가스미가 말했다. 입안이 마르기 시작했다. "내가 그 치과에 다녀오고 1년 남짓 지났을 뿐이잖아. 왜 철거하게 되었지? 갑자기 의원을 그만둔 거야? 하지만 어째서? 물론 손님은 많지 않은 치과였지만, 폐업하는 정도가 아니라 철거까지 할 필요가 있었을까?"

가쓰히코는 딱하다는 표정을 하고 치켜뜬 눈으로 가스미를 보았다. "가스미, 잘 들어. 히카게 치과 의원은 말이야, 1983년에 폐업한 것으로 되어 있어. 그 뒤 건물은 폐가가 되어 아무도 살지 않았대. 그것은 장인한테 들었고, 나도 확인했어."

"설마." 가스미는 낮은 소리로 신음하듯 말했다. "나, 거기서 치료를 받았단 말이야."

"이런 말, 하고 싶지 않지만, 사실이야. 가스미가 치료받았다고 했을 때, 이미 그곳에 치과 의원 같은 건 없었어."

"무슨 소리야, 갓짱. 내가 없는 얘기라도 지어냈다는 거야?"

"아니. 가스미가 한 말을 부정하려고 여기 온 게 아니야. 오히려 반대지. 잘 들어, 가스미. 나, 여러 가지로 조사해 봤어" 하고 가쓰히코는 말했다. "1983년 폐업할 때, 그 동네에 소문이 돌았어. 그러다가 소문 자체도 사라져 버린 모양이지만⋯⋯ 그 치과는 부부가 운영하고 있다고 가스미가 말했었지?"

"부부인지 아닌지 물어본 게 아니니까 분명하진 않지만, 부부 같았어. 원장과 그 부인. 부인 쪽이 치위생사인 것은 틀림없어. 실제로 옆에서 치료를 거들었고."

"원장과 치위생사라는 건 맞을 거야. 하지만 그들은 부부가 아니었어. ……피를 나눈 오빠와 누이동생이었어."

가스미가 침묵하고 있자 가쓰히코는 시선을 내리고 뒷머리를 북북 긁었다. "두 사람 다 독신이었대. 독신 상태로 함께 치과를 시작해서 함께 진료했던 거지. 그러다가 동생이 오빠의 아이를 임신했다는 거야. 그러니까 그런 관계였다는 거지. 점점 불러오는 배를 감추고 흰 가운을 입었겠지만, 환자들 사이에 소문이 돌고, 그러다가 곧 동생이 진찰실에 나타나지 않게 되었대. 다음에 나타났을 때는 이미 아무 일도 없었던 것처럼 두 사람 모두 진료에 열심이었다는 거야. 하지만 동생이 대체 어디서 출산했는지, 태어난 아이는 어디로 갔는지, 낙태했는지 아니면 누구에게 맡겼는지 아무도 몰라."

쓴물이 가스미의 목구멍으로 치받혔다. 심술궂게 가쓰히코를 쳐다보며 미소를 지었다.

"갓짱도 참, 꼭 직접 본 사람처럼 말하네. 어떻게 그렇게 자세히 알지?"

"장인 장모가 작심하고 말씀해 주신 덕분이지. 당시 그곳에서는 모르는 사람이 없는 사건이었대. 물론 준코는 막 태어난 때여서 알 길이 없었고 나도 몰랐지. 하지만 전부터 동네에 살던 사람들은 알고 있었고, 그들 사이에서는 공공연한 비밀로 통했다는 거야. 그러다가 시간이 많이 흐르고 세대가 바뀌어서 이제는 굳이 그 이야기를 꺼내는 사람이 아무도 없게 되었다는 거지."

가스미는 차분함을 잃고 카운터 안쪽에 있는 주인에게 데운 청주 한 병과 물을 주문했다. 주인이 먼저 내준 물을 꿀꺽꿀꺽 마셔 보았지만 가슴속에서 빠르게 비대해지는 공포는 멈출 줄 몰랐다.

"이야기가 복잡해지기 전에 말해 두지" 하고 뱉은 가쓰히코는 지칠 대로 지친 사람처럼 카운터에 턱을 괬다. "내가 현장에 달려가 보니 벽돌 더미 가운데 인부들이 어쩔 줄 모르고 서 있더군. 중장비는 멈춰 있고 정말 다들 넋이 나가 있었어. 섬뜩한 걸 보고 말았으니까. 콘크리트로 막아 둔 작은 방은, 그래, 4첩 반쯤 되는 작은 방이었어. 다다미가 깔려 있었어. 물론 형편없이 썩어 있었지. 백골로 변한 사체 같은 게 있지나 않을까 엄청 겁났어. 하지만 다행히 아무것도 없더군. 아니, 정확히 말하자면 아무것도 없었던 건 아냐. 있었어. 뭐였을 것 같아?"

미지근하게 데운 청주가 나왔다. 가스미는 술병에 그려진 파란 갓파 그림을 쳐다본 채 얕은 호흡을 거듭하며 말없이 있었다.

"다다미방 한가운데 작은 침대가 있었어" 하고 가쓰히코가 말했다. "아동용 침대야. 가정에서 쓰는 제대로 된 침대가 아니라 병원 같은 데서 쓰는 싸구려 철제 침대. 그 위에 얇은 담요가 깔려 있고 이불도 덮여 있었어. 아동용 베개도. 전부 알아보기 힘들 정도로 색이 바랬지만, 본래는 아마 연분홍 꽃무늬 같은 게 그려져 있었을 거야."

거기까지 말하고 가쓰히코는 주인이 막 내준 미지근한 청주가 담긴 술병을 들고 자기 잔에 따랐다. 그 잔을 입에 댄 뒤 그는 "그 담요에" 하고 말했다. "인형 하나가 누워 있었어. 똑바로 누운 모습으로. 까만 머리를 한 전통인형. 이치마쓰 인형이라고 하는 거였어. 화려한 기모노를 입은 인형인데, 오비 근처와 얼굴 절반이…… 아마 쥐가 그랬겠지만…… 쏠려 있었어."

머릿속으로 강렬한 저림이 스쳤다. 가스미는 악을 쓰고 싶은 것을 꾹 참았다.

"뭔가 의미가 있었겠지" 하고 가쓰히코는 넋 나간 투로 말했다. "태어난 아이는 아마 여자아이였는지도 몰라. 오빠와 누이동생 사이의 아이라는 것 외에도 복잡한 사정이 있었겠지. 아무래도 태어난 아기는 감춰야 했을 거야. 궁리 끝에 치과 안쪽에 사설감옥 같은 방을 만들어 이목을 피해 아이를 가둬 두고…… 친자식이니 너무 불쌍해서 인형을 사 주었을지도 몰라. 그렇다고 해도 정말 기분 나쁜 이야기잖아. 나는 평생 못 잊을 거야. 대체 그 아이는 지금 어디서 어떻게 살고 있을까. 히카게 원장과 그 동생이 살아 있는지 어떤지도 알 수 없고. 그렇게 작은 방에서 아이는 인형을 안고 숨어 살아야 했던 걸까. ……준코는 이런 이야기를 가스미에게 알리지 않는 편이 좋겠다고 했어. 하지만 나는 생각이 달라. 감춰 두기보다 가스미에게 알려주고 싶었어. 아마 가스미는 마음이 약해져 있을 때였으니까, 시공을 초월한 거라고나 할까, 오래전에 폐업한 치과에 가서 이미 오래전에 이승을 떠났는지도 모르는 의사에게 치료를 받았던 거야. 이 세상에는 그런 이상한 일도 일어난다는 것을, 나는 건강해진 가스미에게 알려주고 싶었어."

"그게…… 그게……" 가스미는 갈라진 목소리로 말했다. 숨이 답답했다. "갓짱, 그 아이에게 인형을 사 준 사람은, 그 아이를 낳은 부모가 아니야. 그 아이의 할아버지 할머니에 해당하는 사람이 사 준 거야. 히카게 원장과 그 누이동생의 아버지 어머니 되는 사람. 손녀가 불쌍했던 거야. 그래서 이치마쓰 인형을 사 주었고, 그 아이는 한시도 품에서 떼지 않고 소중하게 안고 있었어."

가쓰히코가 눈을 휘둥그레 뜨고 가스미를 쳐다보았다. 가쓰히코답지 않은 무서운 얼굴이었다. "……어떻게, 그런 걸……."

보았으니까, 하고 가스미는 말했다. 병 속에서 말하는 듯한 목소리로 변해 있었다.

입안에서 혀로 어금니를 더듬었다. 히카게 원장이 씌워 준 어금니 크라운이 가스미의 혀끝에서 매끄럽게 느껴졌다.

4
장

조
피
의
 장
갑

◉

◉

'그것'을 처음 보았을 때를 똑똑히 기억한다. 남편의 사십구재를 마치고 꼭 1주일이 지난 오후였다.

아침부터 음울한 안개가 자욱했다. 나무며 지붕이며 도로며 전신주며 할 것 없이 거무스름한 우윳빛 속에 가라앉아 보였다. 꽃 피는 철인데도 몹시 쌀쌀하여 정류장에서 버스를 기다리고 있자니 목덜미에 으스스 오한이 일었다.

외출하기에 어울리지 않는 날씨였지만 역전 은행에 꼭 가야 했다. 현금이 바닥났고 몇 군데에 돈을 부쳐야 했기 때문이다. 나가는 김에 슈퍼마켓에 들러 신선한 과일과 채소, 생선도 사고 싶었다.

남편이 죽은 것은 3월의 어느 일요일 아침이었다. 점심이 다 되어도 일어날 기미가 없는 것이 의아했다. 일요일 아침은 대체로 늦게 일어나지만, 아무리 그래도 그 시간까지 누워 있다니. 나는 침실 문을 열고 밝은 목소리로 불렀다.

남편은 이불을 머리 위까지 뒤집어 쓴 채 웅크리고 누워 있었다. 달려가 이불 위에서 세게 흔들었지만 반응이 없었다.

지주막하출혈에 의한 급사로 판명되었다. 최소한 두 시간 전에라도 발견했다면, 하고 검시를 맡은 의사가 말했다. 즉시 입원했다면 기적이 일어났을지도 모른다면서. 그 말을 듣고 흐느껴 울었다.

활짝 갠 아침이었다. 나는 밀린 빨래를 하려고 일어나자마자 세탁기부터 돌렸다.

간밤에 귀가한 남편은 왠지 머리가 쑤신다며 두통약을 먹고 일찌감치 잠자리에 들었다. 피곤한 모습이라 푹 자게 해 주고 싶었다. 그래서 세탁기 소리가 침실에 들리지 않도록 세면소 문을 꼭 닫아 두는 배려도 잊지 않았다. 집안일을 대강 마치고 두 사람분의 아침 식사를 준비한 다음 신문을 보며 남편이 깨어나 나오기를 기다렸다.

나는 두고두고 자책했다. 좀 더 빨리 깨우러 갔다면 이변을 알아챘을 텐데. 한가롭게 빨래를 널고 콧노래를 흥얼거리며 밥을 짓고 홍차를 마시며 느긋하게 조간을 훑어보던 스스로를 죽이고 싶었다.

내가 좀 더 일찍 눈치를 챘더라면. 간밤에 두통이 평소와 달리 좀 이상하다고 생각했더라면. 그랬다면 남편은 지금 살아 있었을지 모른다. 나의 둔감함이 그를 죽이고 말았다…….

하지만 누구 탓도 아닌 일로 그렇게 자신을 몰아세우고 눈물을 지으며 지낸다고 남편이 살아 돌아올 리 만무하다.

나는 여전히 살아 있다. 반쯤은 병자 같은 모습이지만 숨은 쉬고 있다. 먹을 게 떨어지면 장을 봐야 하고 납부할 것이 있으면 입금하러 가야 한다. 혼란스럽다고 계속 눈물로 세월을 보낸다면 앞으로 나갈 수 없게 된다……. 정신을 다잡고 어렵게나마 그렇게 생각할 수 있게 된 것도 시어머니나 남편의 직장 동료들, 친정 부모의 도움을 받아 사십구재를 무사히 마쳤기 때문인지도 모른다.

도쿄 교외의 주택가. JR 역에서 버스를 타고 15분. 본래 시부모가 오랫동안 살았던 옛 집이다.

5년 전 내가 서른다섯, 남편은 마흔이 되던 해, 우리는 결혼했다. 두 사람 모두 초혼이었다.

남편과 사별하고 홀로 지내던 시어머니는 기다렸다는 듯이 당신 집을 우리에게 내 주었다. 오래 살아 온 집이라 떠나기 힘들지만 역시 여기저기 하자가 생기게 마련인 낡은 주택은 관리하기가 번거롭다. 무엇보다 겨울에 너무 추워 혈압이 높은 나한테는 맞지 않는다. 이제 이 집은 앞으로 살날이 창창한 너희에게 맡기고 노후에는 교통이 편한 곳에 살고 싶다며 시어머니는 아끼는 수컷 포메라니안과 함께 역전에 새로 들어선 밝은 아파트로 주저 없이 이사했다.

남편이 태어나기 전부터 있었다는 단층주택은 시어머니 설명을 들을 것도 없이 낡은 집이었다. 내가 관리할 수 있을까, 하고 솔직히 처음부터 불안했다.

복도고 기둥이고 전부 까만 광택이 났다. 습기가 쉽게 차는지 환기에 신경 쓰지 않으면 장마철 같은 때는 어디서부터랄 것도 없이 곰팡이 냄새가 풍겼다. 나무들이 울창한 정원은 정원사에게 아무리 전정 작업을 맡겨도 금세 가지와 잎이 자라서 여기저기 그늘을 만들었다.

현관 옆에 응접실로 써 온 서양식 방이 한 칸. 복도를 따라 다다미방이 세 칸. 독립된 널찍한 서양식 방이 한 칸. 서양식 방과 복도 맞은편에 클로젯을 겸한 작은 마루방이 한 칸. 주방은 널찍하고 중앙에 놓은 식탁에서 식사를 할 수도 있지만 겨울에는 추워서 엄두가 나지 않았다. 풍격은 있지만 청소도 힘들고 유지 관리도 늘 신경을 써줘야 하는 집이었다.

결혼하면 시부모를 모셔야 된다고 여겼던 터라 마음이 무거웠었다. 낡은 집을 소중히 지키며 살아 온 노인이 살림도 제대로 못하는 나 같은 사람과 함께 지내자면 매사 답답하지 않을까. 사이가 틀어지리라는 것이 불을 보듯 뻔했으므로 나는 시어머니가 역전 아파트로 미련없이 이사하겠다고 했을 때 내심 뛸 듯이 기뻤다.

하지만 이렇게 빨리 남편을 여의게 될 줄 알았다면 나는 기꺼이 시어머니와 함께 살았으리라. 아무리 잔소리와 핀잔이 심해도 상관없다. 아파트 같은 곳으로 이사하지 말고 제발 여기서 계속 저랑 함께 지내 주세요, 라고 적극적으로 부탁하지 않았을까. 그리고 남편 사후에도 시어머니와 작은 반려견과 함께 이 집에서 남편을 그리며 조용히 살았겠지. '그것'을 두려워하지 않고 지낼 수만 있다면 나는 무슨 일이든 했을 테니까.

……주인을 잃은 집은 소용돌이치는 안개 속에 검푸르게 누워 있는 듯 보였다. 검푸르게 비친 까닭은 지붕에 얹은 거뭇한 서양 기와가 푸른색을 띤 탓도 있지만, 내 눈에 집 자체가 이미 호흡을 멈춰 버린 것처럼 느껴진 탓도 있었다.

반겨 주는 이 없는 현관을 열고 경첩이 내지르는 녹슨 비명을 들으며 나는 안으로 들어갔다.

집 안에 향냄새가 가득했다. 마치 여전히 향이 타고 있는 것 같았다. 좀 이상하네, 하고 느꼈다.

남편의 위패와 영정은 그때까지 우리가 침실로 쓰던 안쪽 서양식 방에 놓여 있었다. 향은 외출할 때 껐다. 분명히 꺼진 것을 여러 번 확인했다. 심신이 다 쇠약해질 대로 쇠약해졌지만 향 때문에 화재가 일어나지 않도록 조심할 만한 이성은 남아 있었다.

남편이 죽었을 때 남편의 업무 관계자나 지인이 호사스런 향을 여러 상자 보냈다. 상자마다 종류가 달라 남편을 기리기 위해서라도 매일 냄새가 다른 향을 태우게 되었다.

그날 아침에 피운 향은 교토의 저명한 절에서 쓴다는 특제품이었다. 향이 조금 강하여 끈 뒤에도 잔향이 진하다. 그래서 시간이 많이 지났어도 집 안에 향냄새가 남은 것처럼 느껴질 뿐인지도 모른다⋯⋯. 그렇게 생각하는 수밖에 없었다.

마음을 가다듬고 평소 신는 슬리퍼로 갈아 신으려다가 문득 멈춰 섰다.

나갈 때 분명히 슬리퍼를 벗어 가지런히 모아 두었다. 그런데 슬리퍼 한 짝이 뒤집힌 채 여덟 팔 자 모양으로 흐트러져 있다.

남편은 그다지 꼼꼼한 성격도 아니고 신경질적인 구석도 없었지만 자기가 사용하는 물건만큼은 결코 함부로 간수하지 않았다. 옷이든 내의든 신발류든 벗으면 반드시 반듯하게 정돈해 두었다. 옷이라면 주름을 펴서 행거에 걸거나 개켜 두었고, 신발류는 나중에 편하게 신을 수 있도록 가지런히 놓아 두었다. 어려서부터 어머니에게 그렇게 교육을 받았다고 했다.

덕분에 나도 자연스레 남편과 같은 습관이 생겼다. 혼자 살 때는 물건을 늘어놓는 경향이 있었는데, 남편을 따라 옷가지는 물론이고 아무리 급할 때라도 슬리퍼를 벗으면 아무렇게나 놔두고 나가지 않게 되었다.

집을 나갈 때 슬리퍼를 가지런히 모아 놓은 줄 알았는데, 아니었나. 슬픔에 잠긴 나머지, 정리해 놓은 줄 알았지만 사실은 아무렇게나 벗어던졌던 것인지도 모른다.

당시에는 그렇게만 생각했다. 깊은 상실감이 기억력이나 의식, 시간 감각까지 바꿔 버린 모양이다. 사실 외출할 때 슬리퍼를 정돈해 놓았는지 아닌지는 어떤 의미에서는 아무래도 좋은 일이었다.

나는 뒤집혀 있던 한쪽 슬리퍼에 발을 집어넣고 슈퍼마켓에서 사 온 물건이 들어 있는 봉지를 느릿느릿 집어 들었다. 버스정류장에서 집까지는 불과 몇 분밖에 걸리지 않지만, 그 거리를 들고 걸어온 만큼 봉지가 묵직하게 느껴졌다.

안개 탓인지 집 안은 어디나 어둑했다. 불을 켜고 싶었지만 빈손이 없었다. 복도 조명은 현관 옆 벽에만 있다. 다시 현관 앞까지 돌아가기가 귀찮았다.

천천히 주방으로 향하려고 할 때였다. 긴 복도의 오른쪽에 있는 주방 맞은편 막다른 벽 앞으로 스윽, 하고 소리도 없이 가로지르는 하얀 사람 그림자가 시야에 들어왔다.

왼쪽에서 오른쪽으로. 시간은 3, 4초. 아니, 더 짧았을까?

정면 왼쪽은 침실이고 복도를 끼고 오른쪽은 마루를 깐 옷방이었다. 사람 그림자는 분명히 침실에서 나와 옷방으로 향하다가 문득 허공으로 흡수되는 것처럼 보였다.

나는 멍하니 서 있었다. 오싹한 기분을 느끼거나 소름이 돋진 않았다. 공포심에 사로잡혀 비명을 지르는 일도 없었다. 오히려 이해하기 힘든 현상을 목격하자 거기에 의식을 집중하려는 침착함이 발휘되었다고 할까.

순간적으로 여자임을 파악했다. 가늘고 평평한 인상을 풍기는 몸매. 밤색 머리카락을 땋아서 단단하게 틀어 올렸다. 키가 크고 얇은 흰색 원피스 같은 것을 입었다. 힘없이 늘어뜨린 양손은 하얀 장갑에 싸여 있다…….

순간 들고 있던 슈퍼마켓 봉지를 복도에 떨어뜨렸다. 풀썩, 하는 묵직한 소리가 주위에 울렸다. 봄 토마토 하나가 복도를 데굴데굴 굴러가는 것이 보였다.

침실에서 옷방을 향해 복도를 가로지른 여자가 정말 장갑을 끼고 있었는지 어떤지는 확실하지 않다. 얼핏 장갑이 아닌가 하고 인식했는지도 모른다.

하얗고 얇은 실크 장갑……. 딱 한 번 보았을 뿐인데도 항상 기억에 남아, 일어나지도 않은 일로 질투를 느끼며 고통받곤 했으니까. 그 여자가 끼고 있던 장갑 때문에…….

여자는 일본인이 아니었다. 이름은 조피라고 했다. 조피 베켄하우어. 그녀는 빈에서 태어난 오스트리아인으로, 내가 남편과 결혼하고 반년 뒤, 당장이라도 눈발로 변할 것 같은 차가운 비가 추적거리는 날, 빈 교외에 있는 자택 뒤뜰에서 나무에 줄을 걸고 목을 매달았다.

남편 조노우치 아키라는 대학원을 마치고 외국계 제약회사에 입사하여 연구직으로 근무했다. 입사 5년차에 빈 본사에 발령되어 홀로 유럽으로 건너간 이래 연구에 몰두하고 있었다.

서른다섯이 되던 해에 그는 현지에서 조피 베켄하우어라는 젊은 여자와 친해졌다. 빈에서 태어나 빈에서 자랐다는 조피가 남편이 일하는 연구실의 아르바이트직에 응모하여 채용된 것이 계기였다.

남편보다 열 살 연하라고 했으니 당시 조피의 나이는 스물다섯. 처음부터 어딘가 건강에 문제가 있는 것은 아닌지 걱정될 정도로 수척했고 안색도 나빴는데, 실은 아무런 이상도 없었다고 한다. 하지만 체질적으로 살이 찌지 않고 입도 짧은 데다가 쉽게 우울해지는 성격이었던 모양이다.

그렇지만 약해 보이는 외모와 달리 일을 빠릿빠릿하게 잘해서 점차 남편과 속을 터놓게 되었다.

남편은 생전에 조피에 대하여 나에게 이런저런 이야기를 해 주었다.

그중에는 망상과 시샘을 자극하는 일화도 있었다. 남편은 강하게 부정하지만 두 사람 사이에 일말의 사연이 있었던 게 아닐까. 그러나 남편의 이야기는 훌륭하리만치 일관되었다.

즉 그와 조피 사이에 성적인 행동은 전혀 없었다는 것이다(물론 인사의 키스나 가벼운 포옹은 있었다지만). 남편도 그녀에게 연애 감정을 품은 적은 한 번도 없었다면서…….

남편이 조피에게 느끼던 것은 그의 말을 빌리면 '나이 차이 많이 나는 누이동생에게 품음 직한 애정'이며, '허약체질을 타고난 친구에게 가질 법한 우정' 비슷한 감정이었다고 한다.

상대가 섬세한 도기처럼 아름다운 이성이라는 것은 알고 있었고, 로코코 회화에 등장하는 미인 같다고 느낀 적도 있었다고 털어놓았다. 하지만 결혼을 꿈꾸거나 욕망에 사로잡혀 하룻밤을 보내고 싶다는 바람은 요만큼도 없었다고 남편은 강조했다.

남편이 조피와 연구실에서 친해지고 1년쯤 되었을 때 남편의 부친이 타계했다.

뼛속까지 시린 2월의 어느 밤, 예전에 교편을 잡았던 대학의 교수 동료들과 신주쿠에서 차수를 바꿔 가며 술을 마시고 주점을 나와 역으로 가려고 할 때 갑자기 가슴을 쥐어뜯더니 쓰러졌다고 한다. 급히 구급차에 실려 병원으로 갔지만 도착했을 때는 이미 심폐정지 상태여서 살릴 수 없었다.

비보를 듣고 급거 귀국한 그는 장남으로서 어머니를 위로하며 장례식을 주관했다. 시신은 자택으로 운구하지 않고 병원에서 장의사 쪽으로 옮겨 가족과 친지, 업무 관계자, 지인들과 작별하는 의식을 마치고 화장했다.

그는 며칠간 어머니와 함께 지내며 아버지를 그리워하다가, 언제까지 그렇게 지낼 수도 없어 다시 빈으로 돌아가 일했다. 하지만 낡은 집에 홀로 남은 어머니가 너무 마음에 걸렸다고 한다. 그는 곧 회사에 귀국과 부서 이동을 신청했다.

유능한 연구자였던 그를 놓치고 싶지 않은 회사 측의 아쉬움도 있어서 결론이 나기까지 시간이 조금 걸렸다고 하지만, 최종적으로는 문제없이 통과되었다. 그는 이듬해 빈을 떠나 귀국했다.

한편 그를 사모하고 아마도 남몰래 깊은 연애 감정을 품고 있었을 게 분명한 조피가 크게 상심한 것은 누구의 눈에도 역력했다. 그녀는 걸핏하면 결근했고 마침내 아예 출근하지 않았다고 한다.

조피에게 나의 남편 조노우치 아키라가 어떤 존재였는지 나는 쉽게 상상할 수 있다. 영원한 연인이자 자신을 지탱해 주는 둘도 없는 남자이며, 세상 어느 누구보다 사랑하는 사람……. 때로는 친오빠나 보호자 같은 존재이기도 했을 것이다.

그녀가 결혼을 염두에 두고 있었는지는 알 수 없다. 그런 형식적인 절차보다 어떻게든 그에게서 멀어지고 싶지 않았던 게 틀림없다. 그저 곁에 있어 주기만 하면 충분하다고까지 생각했던 것이다. 그렇지 않았다면 자신에 대한 조노우치 아키라의 감정을 확신하지 못한 상태에서 머나먼 일본까지 찾아오지는 않았으리라.

조피 베켄하우어는 다시 그의 관심을 끌기 위해 미친 듯이 노력했다. 어쩌면 남편도 잠시 정에 끌리지 않았을까.

어쩔 수 없는 일이라고 생각한다. 버림받은 강아지처럼 빼빼 마른 모습으로 자기를 만나려고 멀리 빈에서 찾아온 여자……. 더구나 병약한 귀족의 딸을 연상케 하는 아름다운 오스트리아 여성이다. 훠이, 훠이, 하고 차갑게 쫓아 보내는 잔인한 행동은 설사 연애 감정이 없다고 해도 그로서는 할 수 있는 짓이 아니었다.

내 남편 조노우치 아키라는 상냥한 사람이었다. 늘 상대방의 기분을 배려하며 행동했다. 못하는 일은 못한다고 사실대로 솔직히 말하지만, 그러면서도 상대방 감정을 짓밟아 버리는 짓은 결코 하지 않았다.

벗은 옷과 신발을 늘 반듯하게 정리해 두는 것처럼 그는 조피를 마지막까지 배려하여 상처를 주지 않으려고 노력했다. 결론은 처음부터 나와 있었고 그걸 숨김없이 밝히기는 했지만, 상대방이 납득하기까지의 과정을 결코 번거롭게 여기지 않았다.

그는 다정하고 성실한 우정으로 조피를 이끌려고 했다. 그것만은 분명하다.

어떻게 그렇게 단언할 수 있느냐고 묻는다면, 남편과 조피의 그런 모습을 직접 내 눈으로 목격했기 때문이라고 말하겠다. 도쿄까지 찾아온 조피가 상처를 받으면서도 그를 사모하는 모습, 그런 상대를 지켜보며 빈으로 돌아갈 때까지만이라도 부축해 주려고 애쓰던 조노우치 아키라의 모습을 내 눈으로 분명히 보았다.

나는 서른네 살이 되던 해, 훗날 남편이 되는 조노우치 아키라와 맞선 비슷한 형식으로 만났다.

당시 외삼촌이 조노우치 아키라가 일하는 제약회사의 도쿄 지사에서 임원으로 일하고 있었다. 사내에서 평판이 좋았던 조노우치 아키라가 독신임을 알게 된 외삼촌은 좀처럼 결혼할 마음이 없어 보이는 조카를 소개해 주는 게 어떨까 생각했던 모양이다.

대학을 졸업하고 도쿄 도내에 있는 섬유회사에 취직한 나는 업무에 흥미를 느끼지 못한다는 이유로 스물여덟 살에 퇴사했다.

그리고 당시 부모님께 얹혀 지내며 제대로 된 직장에 들어가지 않고 빈둥거리고 있었다.

다행히 시내에서 공장을 경영하던 부모님은 딱히 잔소리를 하지 않았다. 나는 그런 부모님을 믿고 벨리 댄스와 프랑스어 회화를 배우거나 친구와 등산을 하는 등 그때그때 유행을 좇으며 내키는 대로 살았다. 하지만 이대로 가다가는 장차 독신으로 남을 테고 부모가 세상을 떠나면 어떻게 살아가나, 하고 내심 초조해지기 시작한 참이었다.

마흔이 안 된 독신이며 연구직으로 일하는 남자가 있다, 빈 본사에서 오래 근무한 경력이 있어 독일어도 잘하고 사내에서도 평판이 좋은 남자다, 한번 만나 보지 않겠니, 라는 말을 외삼촌에게 들었을 때, 마흔이 되도록 독신으로 사는 연구직 남성이라면 보나마나 옷차림에도 무심하고 제대로 씻지도 않고 인기가 뭔지 전혀 모르는 남자일 게 뻔하다고 여겼다. 그렇게 생각하면서도 한편으로는 만나 보는 것도 괜찮지 않을까 싶었다.

그 나이가 되도록 부모에게 얹혀살며 언제까지고 빈둥거릴 수는 없었다. 공장은 오빠가 물려받기로 정해져 있어서 나는 자유가 보장되어 있는 반면 스스로 인생을 결정해야 할 처지에 있었다. 비록 맞선 같은 형식이지만 뭔가 인생이 바뀌는 계기가 될지도 모르니까 순순히 나가 보자는 기특한 마음도 있었다.

내가 흔쾌히 응하자 오히려 외삼촌이 맥 빠진 얼굴이었지만, 크게 기뻐하며 바로 자리를 주선해 주었다.

벚꽃철도 끝나가던 4월의 일요일 오후. 만나는 장소는 도내 호텔의 라운지. 외삼촌 내외와 나, 그리고 외삼촌이 추천하는 독신남, 그렇게 네 사람이 애프터눈티인지 뭔지를 가볍게 즐긴다는 설정이었다.

행여 늦지 마라, 라는 외삼촌의 경고도 있어서 그날 나는 일찌감치 집을 나섰다. '가볍게'가 키워드였으므로 복장에 특별히 신경을 쓰지는 않았다. 다만 아무리 그래도 데님바지는 피하고, 평소 봄에 외출용으로 입던 연한 크림색 셔츠풍 튜닉에 네이비 팬츠라는 무난한 조합을 선택해 보았다.

이상하게도 긴장감은 전혀 없었다. 오히려 날씨도 화창한 날 외삼촌 내외의 부담으로 애프터눈티를 즐기며 나 좋을 대로 이야기하다가 '제대로 씻지도 않을 독신남'을 품평해 보고 나중에 부모와 친구들에게 재미난 이야깃거리를 만들어 두자는 기대까지 하고 있었다.

약속 장소인 호텔은 당시 내가 살던 집과 가까운 역에서 지하철을 타고 환승 없이 20여 분 걸리는 곳이었다. 지하로 내려가는 시간을 고려하더라도 40분이면 충분했지만, 나는 약속 시간 한 시간쯤 전에 지하철을 탔다.

지하철 안은 적당히 붐벼서 빈자리가 없었다. 나는 차량 가운데로 들어가 손잡이를 잡았다. 한데 출발한 직후였나, 비스듬한 방향에 앉아 있던 외국 여자가 내 시야에 날아들었다.

그것은 정말 '날아들었다'라고밖에 말할 수 없는 모종의 작은 충격이기도 했다.

그녀는 마치 회화 속에서 걸어 나온 사람처럼 아름답고 매력적이었지만, 밀랍을 연상케 하는 하얀 얼굴을 하고 있었다. 창백하다기보다 이상하도록 투명감이 있는 흰색으로, 전혀 건강하지 않은 인상이었다. 몸매는 병적으로 메말라서 볼륨이라고는 찾아볼 수 없었다.

옷차림은 베이지색 레이스가 있는 참으로 고풍스러운 분위기의 블라우스와 같은 색조의 스커트였다. 스커트는 발목까지 내려오고, 가지런히 모은 발끝에는 역시 시대에 뒤쳐진 인상을 풍기는 코가 동그란 탁한 잿빛의 플랫슈즈가 스커트 자락 밑으로 드러나 있었다.

밤색 머리카락을 양쪽 귀 옆에서 땋아 단단히 틀어 올렸다. 삐져나온 머리카락이 하나도 없을 만큼 정돈된 헤어스타일이었고, 마찬가지로 지나칠 만큼 단정한 얼굴에도 건강해 보이지 않는다는 것 말고는 흐트러진 구석이 전혀 없다.

립스틱은커녕 아이섀도나 볼터치 흔적도 없었다. 완전한 노메이크업 얼굴에는 순진하게 뭔가를 원하는 어떤 병자의 애처로움만이 엿보였다.

하지만 그것뿐이었다면 어디가 아픈 모양이라고, 관광객으로 보이지는 않으니 첨단의료를 찾아 일본까지 찾아온 환자……라는 식으로 상상하며 가만히 시선을 거두었으리라.

그녀가 엉뚱하게도 계절에 맞지 않는 실크로 보이는 하얀 장갑을 양손에 끼고 있지 않았더라면. 그 장갑 낀 손으로 눈앞에 서 있는 남자의 손을 꼭 잡고 눈가를 발갛게 물들이며 종종 불안스레 남자를 올려다보지 않았더라면, 그랬다면 나도 그렇게 노골적으로 그녀의 모습과 그 앞에서 병약한 연인을 지켜주려는 듯 전차 안에 두 다리로 버티고 서 있는 남자의 모습을 훔쳐보려고 하지는 않았을 것이다.

지하철 안이었으므로 바깥은 캄캄했고 창유리에는 승객들 모습이 비쳐지고 있었다. 내 옆에 서 있는 남자의 얼굴이 잘 보였다.

지적인 인상을 풍기며 온순해 보이는 얼굴에 적당한 살집과 적당한 키를 가진 남자였다. 진갈색 재킷을 입고 하얀 셔츠의 앞단추를 맨 위까지 채운 모습이었다.

일본인 특유의 가느다란 외까풀 눈이지만 눈초리가 살짝 쳐진 탓인지 상냥해 보였다.

남자는 눈앞에 앉아 있는 외국 여자를 종종 내려다보며 안심시키려는 것처럼 미소를 지어 주었다. 아무 말도 건네지 않았고 여자도 입을 열지 않았다. 여자가 슬퍼 보이는 눈으로 남자 손가락을 쥐거나 하얀 장갑 낀 손으로 자못 괴로운 듯 제 목을 만질 때마다 남자는 그녀에게 달래는 듯한 부드러운 시선을 던졌다.

목적한 역에 도착할 때까지 나는 손잡이를 잡은 채 두 사람을 힐끔거리며 관찰했다. 연인일까 아니면 부부?

탑승객이 많은 역에서 지하철을 내렸을 때 나는 곧 두 사람을 시야에서 놓쳤다. 두 사람이 같은 역에서 내린 것은 알고 있었다. 한순간 여자가 남자에게 응석을 부리며 기대는 듯한 몸짓을 하고 남자가 한쪽 팔로 그것을 받아 주는 모습을 시야 가장자리로 포착한 것 같기도 하지만 분명치는 않다. 그것은 나중에 내 마음이 지어낸 망상 속 풍경이었는지도 모른다.

하지만 그때는 어디 사는 누구인지도 모르는 커플이므로 금방 잊었다. 약속 시간까지는 아직 여유가 있어서 호텔 내부의 고급 의류나 백을 파는 샵을 구경하고 화장실에서 화장을 고친 다음 약속한 라운지로 향했다. 외삼촌 내외는 벌써 와 있었다.

외삼촌은 방금 조노우치 군한테 전화가 왔다고 말했다. 도착이 7, 8분 늦어질 것 같다면서.

정식으로 맞선 보는 자리도 아니니까 조금 늦어도 상관없지만, 하며 외삼촌은 쓴웃음을 지었다. "별일이군, 약속 시간 5분 전에는 도착하는 사람인데."

"하긴 자리가 자리잖아요." 외숙모가 쿡쿡 웃으며 말했다. "아무래도 긴장이 되니까 준비하는 데 시간이 걸렸겠죠."

"그렇겠지." 외삼촌도 웃는 얼굴로 동조했다.

약속 시간보다 8분 늦게 '조노우치 아키라'가 라운지에 나타났다.

"오, 왔군, 왔어." 외삼촌이 손을 흔들어 보였다. "많이 늦을까 봐 급하게 달려온 게야, 헉헉거리고 있잖아."

"어머, 정말." 외숙모가 눈웃음을 지었다.

나는 조금 긴장해서 고개를 살짝 숙인 채 외삼촌의 시선을 좇았다.

믿을 수 없는 일이지만 외삼촌의 시선 끝에는 그 상냥한 외까풀 눈을 가진…… 나와 같은 지하철 차량에 타고 있던 남자, 병약해 보이는 젊은 외국 여자를 달래듯이 바라보던 남자가 있었다.

연구직으로 일하던 두뇌 총명하고 재능이 뛰어난 조노우치 아키라가 왜 조금도 망설이지 않고 상사가 권하는 대로 나를 만나기로 했을까. 그리고 데이트를 겨우 세 번 하고 결혼을 결정했을까.

마흔이 되도록 유유자적 독신 생활을 즐기던 남자가 왜 갑자기 결혼하려고 했을까? 나와 결혼한 것은 나를 좋아해서가 아니라 조피로부터 도망치기 위해서가 아니었을까? 그 정도로 그와 조피는 깊은 관계였던 것이 아닐까.

……그렇게 나는 온갖 추측을 했다. 맞선 같은 형식으로 만나서로가 적당히 마음에 들어 결혼한 것뿐인데 나는 종종 남편의 과거가 신경 쓰여 견딜 수 없었다.

잠자코 있으면 지나갈 일도 아니고 애초에 그런 의문을 혼자속에 품어 두는 성격도 아니었다. 나는 결혼이 결정되자 그동안 마음에 걸렸던 외국 여자에 대하여 작심하고 물어보았다.

사실 그날 나는 당신과 만나기 전에 당신을 보았어요, 하고 부드럽게 이야기를 꺼냈다. 지하철 안에서. 당신은 아름답고 젊은 외국 여자와 함께 있었죠. 병자로 보일 만큼 안색이 좋지 않은 수

척한 사람이던데, 그녀는 당신밖에 안 보이는 듯한 표정이었고 겨울도 아닌데 양손에 하얀 실크 장갑을 끼고 있더군요. 그것이 너무 인상적이었어요. 나는 당신들이 연인 사이거나 부부일 거라고 생각했어요. 당신은 병약한 애인이나 아내를 위로하는 남자처럼 보였어요. 그래서 그 직후에 호텔에 당신이 나타났을 때는 너무 놀라 말을 제대로 하지 못했어요. 내가 본 게 맞죠? 그래서, 말해 주었으면 해요. 그 여자는 누구죠? 애인 아닌가요?

유감이지만 아닙니다, 라고 그는 전혀 당황하지 않고 차분하게 대답했다. 그리고 내가 본 안색이 나쁘고 흰 장갑을 낀 외국 여자가 조피라는 이름의 오스트리아인이라는 것, 그녀가 빈의 연구실에서 아르바이트를 했던 것, 자기를 찾아 도쿄까지 찾아오는 바람에 당혹스러웠다는 것, 미안하지만 그녀에게 연애 감정은 전혀 없으며 자신의 마음을 그녀에게도 솔직하게 말해서 어렵게 이해시켰다는 것 등을 감추지 않고 말해 주었다.

그리고 나와 '맞선'을 본 그날의 상황도 사실대로 밝혔다.

그날은 조피를 만날 계획이 없었는데 아침에 그녀가 휴대폰으로 연락해서 내일 빈으로 돌아가기로 했다, 오랫동안 폐를 끼쳐 미안하다고 했다는 것, 그래서 마지막으로 오늘 잠시만 당신 얼굴을 보고 싶다고 애원한 것, 쓰러지지나 않을지 걱정될 만큼 쇠약한 몸으로 귀국 결심을 해 준 그녀를 내칠 수는 없었다는 것, 호텔에서 나를 만나기로 한 약속 시간이 다 되도록 그녀가 바라는 대로 함께 있어 주었다는 것 등을 말했다.

당신을 잊을 수 없었나 보군요, 하고 나는 말했다.

그는, 그렇겠죠, 라고 말하며 엷은 미소를 지었다.

"첫눈에도 아주 예쁜 사람이던데, 무슨 심각한 병에 걸렸나 보다 생각했어요. 병약해진 것처럼 보여서."

"그때 거의 식사를 하지 못했어요. 돈도 그리 많지 않아서 싸구려 호텔에 묵었고. 내가 여행비를 마련해 주었어요. 병원에 가 봐야 할 정도로 쇠약해져서 내심 어떻게 하나 당황하고 있는데, 마침 그녀가 귀국하기로 결심해 주어서 정말 안심했습니다."

"그럴 때 나와 맞선을 봤군요. 그녀가 알았다면 어땠을까요."

"글쎄, 어땠을지" 하고 그는 말했다.

굳이 떠올리고 싶지 않은 일을 화제로 삼을 필요가 있나 하는 표정이었다. 나도 더는 묻지 않았다.

하지만 먼저 입을 연 것은 그 사람이었다.

"아마" 하고 그는 말했다. "그녀는 처음부터 마음을 앓고 있었을 겁니다. 연구실에 아르바이트생으로 들어왔을 때부터. 그걸 알고 나서부터 그녀의 언행이 신경 쓰이고 동정하게 되었지요. 그래서 남들보다 친절하게 대해 주었는데 그녀는 그걸 호의로 받아들인 모양이에요. 조피를 무시하지 못한 것은 내가 그녀를 그렇게 만들어 버렸다고 생각했기 때문인지도 모릅니다. 오해하지 말고 들어주었으면 하는데, 조피가 미인이라는 것은 아무 관계도 없어요. 정말 전혀요. 하지만 나는 조피를 만나면 늘 친절하게 대해 주었죠. 애초에 상처가 있는 사람을, 그런 줄 알면서도 차갑게 대할 수는 없었거든요. 그게 아무리 잘못된 일이었다고 해도."

"정말로 마음이 따뜻한 사람은 언제 어디서나 친절하게 마련이라고 전에 할머니가 그러셨어요" 하고 나는 말했다. "그러니까…… 당신의 친절은 잘못이 아니에요."

짧은 침묵이 흐른 뒤, 고맙습니다, 라고 그는 말했다.

우리는 시선을 나누고 조용히 미소 지었다. 오랫동안 사랑하여 신뢰해 온 연인 같네, 하고 생각하며 쑥스러운 기쁨에 젖었던 순간을 똑똑히 기억한다.

조피 베켄하우어의 자살 소식이 남편에게 날아든 것은 우리가 결혼하고 교외의 낡은 집에서 살기 시작한 지 반년쯤 지났을 때였다. 빈 본사에서 도쿄 지사의 그에게 직접 보고가 온 까닭은 조피가 남편에게 어떤 감정을 가지고 있는지를 아는 사람이 본사에 많이 있기 때문이리라.

조피가 스스로 목숨을 끊은 것은 사랑하는 남자의 마음을 붙잡지 못했기 때문일까? 가슴에 품은 남자가 귀국하여 결혼해 버리자 그녀 나름대로 원통한 마음을 표출한 걸까? 아니면 그런 것과는 무관하게 마음을 심하게 앓고 있던 그녀가 괴로움에 겨워 선택한 마무리였을까.

유서는 없었다고 하며, 구체적인 사연은 지금도 알 수 없다.

남편에게 그 소식을 들었을 때 조만간 가 보는 게 좋을까, 하고 내가 물었다.

어디를? 하고 남편이 되물었다.

빈에, 하고 내가 작은 소리로 말하자 그는 왜? 하고 다시 물었다.

그야, 하며 나는 말끝을 흐렸다. 그녀가 당신을 그토록…… 그렇게 말하다가 말았다.

남편은 단호히 고개를 젓고 이렇게 말했다. "명복을 빌어 주면 돼."

자살 소식을 듣고도 나에 대한 남편의 언행에는 조금도 흐트러짐이 없었다. 충격적인 소식에 혼란스러워하거나 대놓고 슬픔에 잠기거나 뭔가 상념에 잠기는 모습을 보이는 일은 일체 없었다.

남편의 행동이 나를 그렇게 안도하게 한 것을 보면, 어쩌면 나는 처음부터 조피라는 존재 자체를 시샘하고 있었는지도 모른다.

조피는, 안개 자욱한 그날 이래 마치 나의 허를 찌르듯이 종종 나타났다.

처음 봤던 순간과는 반대로 옷방으로 쓰는 작은 마루방을 나와 침실로 빨려 들어가는 모습도 보았다. 다다미방 한쪽의 어둑한 구석에 고개 숙인 자세로 오도카니 앉아 있는 모습을 본 적도 있다.

그런가 하면 기척만 드러내어 뭔가 싸늘한 음기 같은 형태로 내 곁을 슥 지나가기도 했다. 심야에 아무도 없는 욕실에서 목욕물 소리가 들리기도 하고, 향로 속에서 하늘하늘 오르던 향 연기가 창문이 모두 닫혀 있는데도 문득 강한 소용돌이를 이루더니 남편 영정에 휘감기는 것을 본 적도 있다.

일련의 불가해한 현상에 규칙이라고 할 만한 것은 발견할 수 없었지만, 시간이 흐르면서 점차 분명해진 사실이 있다. 밤낮없이 하루하루 조피의 기척이 점차 강해지고 있다는 것이다.

하지만 나는 조피의 유령에 관해 누구에게 말하거나 상의해 보려고 하지는 않았다. 그때는 왜 그랬는지 알 수 없지만 지금은 그 이유를 분명히 말할 수 있다. 누군가에게 말하면 그 순간부터 나의 내부에서 공포가 더욱 격렬해져 견딜 수 없게 되리라는 것을 알고 있었기 때문이다. 그게 훨씬 더 무서웠다.

애초에 나는 조피라는 이름을 입에 담는 것조차 싫었다. 어쩐지 기분이 나빴다.

남편에게 그토록 집착하던 여자의 유령이 남편 사후에 내 집에 나타나고 있다는 이야기를 벌벌 떨며 털어놓는다면 아마 상대방은 졸지에 남편을 잃은 여자가 망상과 헛것을 본다고 생각하지 않을까. 경우에 따라서는 "슬픔에 짓눌릴 때는 흔히 그렇게 헛것을 보게 마련입니다"라며 불쌍하게 여기겠지. 결국 나는 남편을 잃고 '마음에 병이 든 불쌍한 여자' 취급을 받으며 아무런 해결책도 찾지 못하리라.

음울한 공포 속에서 시간만 흘러갔다. 하지만 5월도 중순이 지나 화창한 날이 계속되며 정원의 나무들이 푸르게 빛나자 나도 조금은 쾌적한 시간을 맞게 되었다.

장마가 시작되면 안 그래도 습기가 많은 이 집은 제습기를 아무리 돌려도 축축한 공기가 차고 배수나 통풍이 안 좋은 구석에는 곰팡이가 피고 만다.

맑은 날이 이어질 동안 남편이 남긴 옷가지를 살펴보기로 했다. 옷방에 있는 오래된 서양식 옷장은 장마 때 종종 문을 열고 환기를 시켜 주지 않으면 안에 걸어 둔 옷에도 곰팡이가 피기 때문이다.

아마 옷방으로 쓰는 작은 마루방의 벽에 문제가 있었던 것 같다. 북향이라 창문이 있어도 일 년 내내 볕이 들지 않는다.

일찍이 시어머니도 그 문제를 알고 조만간 업자를 불러 벽에 단열재를 대는 게 좋겠다고 했었다. 남편과 나도 그럴 생각이었는데, 왠지 번거로워서 한 해 또 한 해 미루다가 이렇게 되고 말았다.

아침부터 화창하고 공기가 건조한 날, 나는 작심하고 옷방의 옷장 앞에 섰다. 남편이 생전에 입던 재킷이나 바지를 꺼내 보기 괴로워 오랫동안 닫아만 두었던 옷장이다. 먼저 방 창문을 열어 바깥바람을 들인 다음 마음을 단단히 먹고 옷장 문으로 손을 뻗었다.

든든하고 묵직한, 아마도 남편이 태어날 즈음 구입한 것으로 짐작되는 옛날 스타일의 진갈색 서양식 옷장이다. 서랍이 두 개.

쌍여닫이문을 열면 뒷면에 거울이 달려 있다.

겨울코트, 사시사철 입을 수 있는 레인코트 몇 벌, 블루종, 재킷, 정장용 슈트 등이 눈앞에 나타났다. 모든 것이 그리워 가슴이

미어졌다. 아직은 옷장 안에 곰팡이가 피지 않았고 작년에 걸어 둔 방충제도 냄새가 희미하게 남아 있었다.

손을 뻗어 남편이 즐겨 입던 회색 플란넬 재킷과 감색 양복 사이로 별 생각 없이 손을 뻗을 때였다.

빼곡히 들어찬 의류 아래쪽에 뭔가가 보였다. 거뭇해진 레이스 같은 것. 그리고 지저분하긴 하지만 하얗고 얇은 장갑을 낀 두 개의 손…….

비명을 지르며 도망치기 전에 내 손은 옷장 속 남편 옷들을 거칠게 헤집고 있었다. 공포에 빠졌는데 어떻게 그런 행동이 가능했는지 나도 모르겠다. 확인하고 싶었는지 모른다. 싸우고 싶었는지도 모른다.

걸려 있던 남편 옷 건너편에 얇은 종이처럼 변한 윤곽이 또렷하지 않은 조피가 앉아 있었다. 두 무릎을 껴안고 웅크린 자세에 얼굴이 무섭도록 창백한 조피 베켄하우어는 빈 구멍 같은 눈을 힘없이 허공에 던지고 있었다. 그 백랍으로 변한 듯한 피부와 손목까지 감싼 하얀 장갑을 보는 순간 제풀에 오싹할 만큼 새된 금속성 비명을 내질렀다.

그날은 도저히 집에 머무를 수 없을 것 같았지만, 그렇다고 지갑을 들고 뛰쳐나가 역전 근처 시어머니가 사는 아파트로 찾아가 방금 겪은 일들을 말하고 싶지는 않았다.

그렇게 하더라도 결국은 집으로 돌아가야 한다. 남편을 그리워하며 사후에도 계속 주변을 맴도는 오스트리아 여성의 유령이 깃들었다고 해서 남편과 지낸 소중한 집을 버릴 수는 없었다.

나타난 것은 강도나 강간범이 아니라 현실에서는 아무 짓도 할 수 없는 망자가 아닌가.

나는 밖으로 도망치는 것을 체념하고 심호흡을 거듭해서 마음을 가라앉혔다. 거실의 텔레비전을 켜서 집 안에 소리가 그치지 않게 해 두었다. 옷방에서 제일 가까운 침실…… 남편의 영정과 위패가 있는 방……에는 잠시 들어가지 않기로 하고 그날 밤은 현관 옆 응접실 소파에 이불과 베개를 옮겨 두고 거기서 보냈다.

응접실에는 텔레비전이 없으므로 노트북 컴퓨터를 가져다 놓고 인터넷 라디오를 높은 볼륨으로 틀어 두었다.

술을 거의 못하는 체질이어서 알코올에 의지할 수는 없었다. 대신 내가 어떻게 해야 할지 생각하고 또 생각했다. 앞으로 내가 취해야 할 행동을 궁리하고 모색하는 동안은 마음도 조금은 쉴 수 있었다.

내다 버리자, 라고 나는 결심했다. 그 옷장을 남편 옷들과 함께 당장 내다 버리는 거다. 조피가 깃들 장소를 빼앗아 버리는 것이다.

이튿날 나는 폐기물 처리업자를 인터넷 검색으로 찾아내어 옷장을 폐기해 달라고 전화로 의뢰했다. 급하게 부탁드리고 싶은데요, 라고 재촉하자 상대방도 흔쾌히 받아들였다.

그때만 해도 공포감과 함께 분노가 컸다. 어두운 옷방의 낡은 옷장 속에서 남편 옷에 싸인 채 계속 버티겠다면 옷장째 처분해 줄 테니까 그런 줄 알아, 라고 나는 속으로 조피에게 계속 소리치고 있었다.

독일어가 아니면 전해지지 않는다는 것은 알고 있었지만 개의치 않았다. 조피가 그곳에 서식하고 있다는 사실을 처음 알았다. 남편을 찾아 집 안을 여기저기 배회하다가 다시 남편 냄새가 남아 있는 옷장 안으로 돌아갔을 것이다.

그 섬뜩하고 집착이 강하고 병약한 외국 여자의 유령 따위는 옷장과 함께 처분해 주마. 그렇게 그립다면 남편 옷도 주마⋯⋯ 나는 그렇게 벼르고 있었다.

폐기업자는 약속대로 그날 저녁 찾아왔다. 어제까지만 해도 화창하던 날이 흐려져 음울한 구름이 드리우기 시작했다. 폐기 작업을 위해 40대로 보이는 남자 두 명과 젊은 학생으로 보이는 남자 한 명이 찾아왔다. 말수가 없는 세 사람은 내가 지시한 대로 낡고 무거운 옷장을 내용물과 함께 창고에서 들어내 익숙한 동작으로 현관 밖으로 나가더니 요령 좋게 트럭에 싣고 떠났다.

안에 있는 옷가지는 꺼내지 않아도 됩니까? 라는 물음조차 없었다. 나뿐만 아니라 세상에는 업자에게 더 엉뚱한 작업을 의뢰하는 사람이 있는 모양이다.

옷장이 들려 나가자 방바닥에는 오랜 세월 쌓인 먼지만 네모난 흔적을 그리며 남았다. 나는 얼른 청소기를 돌려 먼지를 깨끗하게 치웠다. 그러고는 주방에서 소금을 가져다가 그 자리 주위에

뿌려 부정을 씻는 의식을 치렀다. 내친 김에 향을 피워 형식적으로나마 조피에게 공양할까 하다가 이내 그만두기로 했다.

종교가 다른 상대에게 그런 의식이 무슨 소용일까. 게다가 이제 와서 새삼 조피를 동정할 필요가 있을까.

여하튼 옷장을 처분하자 옷방이 청결해진 느낌이었다. 그때까지 고여 있던 것이 다 가시고 안에 걸려 있는 내 옷과 가방들까지 신선한 공기를 머금은 듯했다.

이제야 집요하게 들러붙어 있던 여자 유령을 몰아냈다며 안도했다. 시원했다.

하지만 나는 그때 정말 안도했던 걸까. 이제 살 것 같다, 시원하다고 믿고 싶었던 것은 아니었을까.

처분했다고 믿었지만 망령이란 제가 원하는 시간 원하는 장소에 나타날 수 있다. 조피가 남편 냄새에 싸인 채 숨어 있던 옷장을 처분했다고 해도 조피의 유령은 다시 이 집으로 돌아올 수 있으리라. 어떤 형태로든 조만간 반드시 돌아온다……. 그것을 나는 알고 있었던 게 아닐까.

시어머니가 사랑하는 포메라니안 토토와 함께 찾아온 것은 그로부터 열흘쯤 뒤였다.

시어머니는 안부 전화를 여러 번 했었고 "내 집에도 놀러 오렴"이라든지 "보고 싶은데, 내가 거기로 갈까?" 하며 의향을 떠 보았다. 하지만 나는 그때마다 정중하게 마다했다.

만나면 죽은 남편 이야기가 나올 게 틀림없는데, 설사 상대가 시어머니라고 해도 차를 마시며 잡담과 함께 그런 이야기를 나눌 상태는 아니었다.

하지만 옷장을 처분한 이래 내 마음은 스스로도 놀랄 만큼 나아져 있었다. 토토를 데리고 놀러가겠다는 시어머니의 전화를 받았을 때 나는 순순히 "네, 꼭 오세요"라고 대답했다. "저도 어머니 만나 뵙고 싶었어요"라면서.

아직 장마철은 아니지만 당장이라도 비가 쏟아질 것 같은 음울한 날이었다. 시어머니는 토토를 애견용 캐리백에 넣어 버스를 타고 왔다. 개가 무거워 변변한 선물도 못 사 왔다면서 시어머니는 역에 있는 유명 화과자점의 물양갱과 간밤에 많이 만들어 두었다는 톳 무침을 내밀었다.

톳 무침은 친정어머니가 잘하는 반찬이기도 했다. 그리웠다. 남편이 죽은 이래 나는 친정 부모님조차 멀리하고 살았다. 친정에 돌아와 지내도 된다고 했지만 정말로 그런 마음이 들까 봐 두려웠다. 나는 짧은 결혼생활을 보낸 이 집을 떠나고 싶지 않았다.

하지만 톳 무침 냄새를 맡자 친정어머니에게 빨리 전화해야겠다는 생각이 들었다. 얼마나 걱정하셨을까. 일단은 그럭저럭 잘 지내고 있다고 안심시켜드려야겠다.

모처럼 집 안에 사람 목소리가 들리고 개가 여기저기 돌아다니는 발랄한 발소리와 함께 종종 웃음소리도 섞이자 나도 몇 개월 만에 마음이 조금 밝아지는 것을 느꼈다. 이렇게 즐거울 줄 알

앉다면 더 일찍 시어머니나 지인을 초대할 걸 그랬다고 후회했을 정도다.

시어머니가 침실의 남편 영정 앞에 향을 올리는 동안 나는 얼른 주방에서 차를 낼 준비를 했다. 시어머니가 들고 온 화과자 상자를 열고 아직 차가운 물양갱을 작은 접시에 옮겼다.

전에 살던 집이라는 것을 금방 알았는지 토토가 부지런히 돌아다니다가 내 곁으로 뛰어왔다. 선명한 분홍색 혀를 내밀며 명랑하게 웃는 얼굴로 달려들어 나는 소리 내어 웃었다.

예전의 세상이 돌아온 느낌이었다. 개의 앞발은 부드럽고 다정했으며 따뜻했다.

거실로 쓰는 다다미방에는 융단을 깔고 테이블과 의자를 두었다. 테이블에 차와 물양갱을 내려놓고 시어머니와 마주 앉았다.

아, 정말이지, 하며 시어머니는 가만히 말했다. 세월이 참 빠르지. 하지만 시간이 가는 게 감사한 일이기도 해, 세월이 약이라고 흔히 말하잖니. 이제 곧 장마가 올 테고, 그게 끝나면 한여름이고. 이런저런 것들이 차츰차츰 안정을 찾아가겠지. 그렇게 됐으면 좋겠구나.

그래요, 하며 나는 진심으로 고개를 끄덕였다.

죽은 남편 이야기는 서로 꺼내지 않았다. 시어머니는 토토가 산책 중에 만난 커다란 래브라도에게 용감하게 짖으며 달려든 일이나 아파트 아래층에 도둑이 든 일, 매주 두 번 다니는 요가 교실에서 알게 된 또래 지인들 이야기를 주로 했고 나는 나대로 어떻게든 열심히 산다는 걸 알려줄 수 있는 소소하지만 안정적인 이야기들을 골라서 말했다.

너도 반려견을 키워 보면 어떠니, 하고 시어머니는 물었다. 의지가 돼. 소란한 아이가 생긴 것 같고. 게다가 매일 산책하러 나가게 되니까 건강에도 좋지.

좋네요, 하고 내가 미소 지으며 대답했다.

아이는 생기지 않았다. 피차 젊지도 않았지만 그래도 아직은 낳을 수 있었다. 나에게나 남편에게나 문제는 없었다는데도 끝내 임신을 하지 못하다가 남편을 여읜 것도 내 마음에 그늘을 드리우고 있었다.

그것을 시어머니에게 암암리에 지적당한 기분이었다. 나는 모르는 척했다.

대화가 활발하지는 않았다. 하지만 시어머니는 제법 편안해 보였다. 나는 사 두었던 아라레 과자를 내놓거나 차를 다시 타 오거나 냉장고에 하나 남아 있던 복숭아를 깎아 내놓기도 했다.

하마터면 조피에 관해 털어놓을 뻔했지만 목까지 차오른 이야기를 애써 삼켜 버렸다. 대학 이학부 교수였던 남편, 이과계 연구직에서 우수한 실적을 보이는 아들을 두었던 시어머니가 그런 유령 이야기를 쉽게 믿어 줄 것 같지 않았다.

처마 끝에서 툭툭, 하는 소리가 들렸다. 빗방울이 듣기 시작했다.

시어머니는 "어머" 하고 놀랐다. 돌아가려면 큰일이구나. 한 손에 우산을 들고 다른 손에는 토토를 들어야 하는데.

"버스 정류장까지는 제가 모셔다 드릴게요."

"그래? 그럼 고맙지."

조금 무더워서 활짝 열어 둔 창문 너머에서 마당의 축축한 흙 냄새가 풍겨 왔다. 토토, 토토, 하고 시어머니가 이름을 불렀다. 이상하네, 어디 갔지?

그러고 보니 토토가 보이지 않았다. 토토, 하고 나도 불렀다.

복도 저쪽에서 급하게 이쪽으로 달려오는 개 발소리가 들렸다.

어머, 왜 그래, 토토. 시어머니는 어깨를 흔들며 재미있다는 듯이 웃었다. 그런 건 어디서 물고 왔니?

다다미방으로 뛰어 들어온 토토가 주인에게 제 실력을 뽐내려는 것처럼 입에 문 무언가를 좌우로 흔들었다. 가르르르, 하고 개가 목 울리는 소리를 냈다. 몹시 흥분해 있다.

개가 물고 있는 물건을 보고 나는 말문이 막혔다.

시어머니가, 이건 뭐지? 하며 개 입에서 하얀 천을 억지로 잡아당기려고 했다. 개는 잠시 저항했지만 마침내 순순히 내주었다.

네 장갑이구나, 오른쪽 거. 시어머니가 그렇게 말했다.

미안하구나. 너 왜 이러니, 토토, 이제 곧 아홉 살인데 여전히 말썽을 피우고. 네가 옷방 문을 열어 둔 거 아니니? 이 아이는 종종 이런 짓을 저지르거든. 옷장 서랍을 깜빡 잊고 열어 두면 서랍 속에 코를 박고 뭐든 마음에 드는 걸 물고 장난감으로 삼는단다.

토토, 너 정말 문제야. 응? 토토 짱.

나는 무표정하게 고개를 저었다. 그거 제 거 아니에요, 그리고 옷장도 처분했어요, 처분한 뒤 몇 번이나 청소기를 돌렸어요, 그러니까 장갑 한 짝이 옷방에 떨어져 있을 리 없어요.

……그렇게 말하고 싶었지만 차마 그러지 못했다.

그 뒤로 별일 없이 시간이 흘렀다.

집 안 어디에서도 조피로 짐작되는 존재를 보거나 느낀 적은 없었다. 옷방에 들어가 행거에 걸린 내 옷을 꺼낼 때면 늘 흠칫거렸지만 이상한 기미가 느껴지진 않았다.

남편에게 공양한 향이 바람도 없는데 허공에서 격하게 소용돌이를 틀거나 외출했다 돌아왔을 때 집 안에 향냄새가 감도는 일도 없어졌다. 시간이 지나면서 얇은 종이를 벗기는 것처럼 내 마음의 공포와 불안과 떨림도 점차 엷어져 갔다.

그날 토토가 물고 온 하얀 장갑은 만지기도 싫었지만 그대로 두기는 더욱 싫었다. 나는 시어머니의 눈을 피해 비닐 봉투에 담아 신문지로 돌돌 말았다. 그걸 다시 작은 갈색 종이 봉지로 싼 다음 장보러 나갈 때 늘 메고 가는 배낭 속에 넣었다.

역으로 가는 버스를 기다리는 정류장 바로 옆에 쓰레기집하장이 있다. 근처 주민들을 위한 집하장으로, 까마귀나 들고양이가 파헤치지 못하도록 늘 초록색 그물을 씌워 두는데, 작은 쓰레기라면 시치미 떼고 그물 밑으로 던져 넣을 수 있을 것 같았다.

토토를 넣은 캐리백을 어깨에 맨 시어머니가 비에 젖지 않도록 우산을 받쳐 주며 버스 정류장까지 전송해 주었다. 그리고 시어머니가 탄 버스가 출발하자 얼른 배낭에서 종이 봉지를 꺼내 아무도 보지 않는 것을 확인한 뒤에 쓰레기집하장 그물을 들추고 안으로 던져 넣었다.

그때 집하장에는 다른 쓰레기가 없는 상태여서 내가 던져 넣은 봉지가 유난히 눈에 띄었지만 뭐 어쩌겠나. 가연성 쓰레기, 불가연성 쓰레기, 플라스틱류…… 등 분리 요령, 쓰레기 내놓는 요일 등이 적혀 있는 안내판이 걸려 있었지만, 그걸 읽고 안내대로 따를 마음도 없었다.

집으로 돌아오면서 나는 결심했다. 지지 않겠어, 라고. 무슨 일이 있어도 조피를 이겨야 해, 이겨 주마, 라고.

그렇게 심신이 허약하고 인생을 살아내기가 불가능할 만큼 약해빠진 여자가 죽은 뒤에도 여전히 내 남편 조노우치 아키라에게 집착하고 있다는 이야기일 뿐이다. 더구나 그녀는 남편에게서 동정은 샀는지 모르지만 한 번도 이성으로서 사랑받은 적이 없다.

사랑받고 싶은 바람만 비대해져서 사후에도 이승에 남아 내 남편에게 집요하게 매달리려고 하는 어리석은 망자. 그런 망자의 망령에 겁을 먹고 패배감에 젖어 살고 싶진 않다.

문득 힘이 솟는 기분이었다. 집 안에서 조피의 기미가 느껴지지 않게 된 것도, 기미는커녕 완전히 사라져 버린 듯 느껴지는 것도 살아 있는 나 자신의 힘, 생명력 같은 것이 주효해서 어리석은 망령을 이겨냈기 때문인지 모른다. 그렇게 믿고 싶었다.

마당에서 벌레소리가 들려온다. 활짝 열어둔 창문에서 늦여름 시원한 바람이 들어온다.

거실 텔레비전을 틀어둔 채 어느새 잠이 들었던 모양이다. 다다미방 융단 위에서 쿠션을 베고 자고 있던 나는 무서운 꿈을 꾸다가 벌떡 일어났다.

목덜미와 등이 식은땀에 젖어 있었다. 심박수가 빠르고 가슴이 답답했다.

텔레비전 화면에는 심야 쇼핑 프로그램이 나오고 있었다. 이미 새벽 1시가 지났다.

꿈에서 조피가 나타났다. 그녀는 어두운 얼굴로 침실의 남편 영정 앞에 앉아 있었다. 오랫동안 가만히 있던 그녀가 마침내 손에 끼고 있던 흰 장갑을 소리 없이 쓱 벗고 가만히 개켜 남편 영정 앞에 놓았다. 그리고 분라쿠_{일본의 전통 인형극} 인형처럼 조용히 고개를 돌려 내 쪽을 향했다. 하얀 밀랍 같은 얼굴의 검푸르게 팬 눈두덩이 섬뜩했다. 나는 비명을 질렀다.

비명소리에 제풀에 눈을 떴지만 실제로 소리를 질렀는지 어떤지는 알 수 없다. 입안이 바짝 말라 있었다.

떨리는 손으로 리모컨을 찾아 볼륨을 최대한 높였다. 화면에는 구슬다이아몬드가 박힌 목걸이의 확대 영상이 나오고 있었다. 출연자들의 말소리, 웃음소리가 커졌다.

테이블 위에는 마시다 남긴 차가 그대로 놓여 있었다. 차게 식은 그것을 꿀꺽꿀꺽 마셨다.

양손으로 얼굴을 가렸다. 심호흡을 반복했다. 침착해, 침착해, 하고 스스로 타일렀다.

그냥 꿈이다. 오래간만에 조피가 나타났지만 어디까지나 꿈일 뿐이다. 현실에서 일어난 일은 아니다.

피곤했던 것 같지도 않은데 왜 이렇게 죽은 듯 잠들어 버렸을까. 역시 남편을 갑자기 잃고 처음 맞은 여름이 힘겨웠던 걸까.

나는 비틀거리며 일어나 방 창문을 닫았다. 커튼도 닫았다. 마당의 벌레소리가 멀어졌다.

텔레비전을 끄기는 싫었지만, 그냥 꿈이었잖아, 라고 다시 스스로를 타이르고 어렵게 전원을 껐다. 주위는 문득 정적에 싸였다.

세면실로 가서 양치질을 하고 세수를 했다. 화장수를 바르고 나이트크림을 발랐다. 거울을 들여다보기가 어쩐지 두려웠지만 거기 비친 것은 나뿐이고 달리 이상한 것은 보이지 않았다.

마음이 조금 차분해졌다. 꿈이니까. 그냥 꿈이니까. 자꾸 그렇게 되뇌며 침실로 향했다.

문을 열고 불을 켰다. 사이드테이블의 조명 스위치를 눌렀다. 실내는 눈부시게 밝아졌다. 안심을 주는 밝기였다.

침대 여름 이불을 들췄다. 그때였다. 남편의 영정과 위패를 둔 받침대 위에 있는 물건이 시야로 날아들었다. 내 심장은 얼어붙었다. 무릎이 덜덜 떨리기 시작했다. 등에 찬물을 뒤집어쓴 것 같았다.

그것은 반을 개킨 하얀 외짝 장갑이었다. 아마도 오른짝⋯⋯.

산장기담

◎

◎

5월 연휴가 끝난 어느 날 오후에, 다키타의 사무실 팩스로 부고가 들어왔다. 대학 시절 은사이며 법학부 교수였던 가쓰라기가 타계하여 이틀 뒤가 통야일본의 불교식 장례 절차의 일부. 입관 후 가족과 지인들이 관 앞에서 밤샘을 하며 고인과 마지막 인사를 나누고, 이튿날 고별식을 하고 화장을 한다이고 사흘 뒤 고별식을 거행한다는 내용이었다.

가쓰라기는 혈액암으로 오랫동안 투병 생활을 했다. 최근 상태가 빠르게 악화되어 도저히 올여름까지 버틸 수 없으리라는 소식은 듣고 있었으므로 다키타는 놀라지 않았다.

향년 75세. 올 2월 야마나시 현 고후 시에 있는 자택에서 요양하는 가쓰라기를 병문안한 것이 마지막 만남이었다. 바쁠 텐데 뭘 여기까지 왔나, 병문안 손님 맞는 것도 성가시네, 하고 싫은 소리를 늘어놓으면서도 제자가 와 준 것이 꽤나 기뻤던 모양이다. 가쓰라기는 기세를 올린 나머지 이미 마실 수 없게 되었을 술을 마시겠다고 했다가 부인이 말리자 아이처럼 삐지고 말았다.

부인이 주방에 간 사이 다키타는 잠자코 가쓰라기에게 잔을 건네고 술을 몇 방울 따라 주었다. 혀끝으로 핥듯이 입에 물고는, "이번 생과 작별하는 미주로군" 하며 쓸쓸하게 웃어 보이던 은사의 얼굴에는 이미 죽음의 그림자가 역력했다.

본래 위악적인 구석이 있고 반골 정신이 왕성한 사람이었다. 학내에서는 붕 뜬 존재여서 적이 많고 학생 중에도 가쓰라기를 미워하는 자가 적지 않았다.

하지만 다키타는 처음부터 가쓰라기와 죽이 잘 맞았다. 주저없이 가쓰라기의 세미나 수업을 수강하고 그를 쫓아가 질문을 던지고 하다가 역 앞 싸구려 주점에서 부담없이 술잔을 나누는 사이가 되었다.

가쓰라기는 철저한 합리주의자이고 가차 없는 현실주의자이기도 했다. 비과학적인 것은 뭐든 혐오하고 이론상 성립하지 않는 것을 섣불리 신봉하는 행위를 지성의 타락으로 치부했다.

다키타가 현실적 논리적 사고에 충실하고자 하고, 근거 없이 사람들의 불안을 자극하는 주장을 배척하며 살아가게 된 것도 가쓰라기의 영향이 컸다.

하지만 대학 졸업 후 도쿄의 대형 텔레비전 방송사에 취직하자 다키타는 업무에 쫓기게 되었다. 대인관계도 크게 변하여 가쓰라기와 점차 소원해졌다. 가끔 안부를 묻는 전화가 고작이고, 점차 그마저도 뜸해지더니 마침내 연하장이나 주고받는 사이가 되었다.

십수 년 전, 다키타는 직속 상사와 술자리에서 격렬한 논쟁을 벌였는데, 술기운까지 가세한 상태에서 분노를 못 이겨 상사의 얼굴을 때리고 말았다. 중심을 잃고 자빠진 상사는 뒤통수를 세 바늘이나 꿰매야 하는 부상을 당했다.

다행히 다키타의 장래를 걱정한 상사와 이야기가 잘 된 덕분에 경찰서행은 면했지만 직장에 있기도 거북해져서 사표를 냈다.

원래 나중에 독립할 계획이 있던 그는 바로 프로그램 제작사를 설립하기 위해 움직였다. 방송사 인맥을 이용하여 여기저기 뛰어 다니며 사무실을 얻고 직원을 고용했다.

대강 준비를 끝내고 한숨 돌릴 때쯤 가쓰라기가 사무실로 전화를 걸어 왔다. 연하장에 독립 소식을 전하면서 사무실 연락처를 적어 두었기 때문이다.

다키타가 전화 통화로 방송사 내에서 있었던 불상사를 털어놓자 가쓰라기는 껄껄 웃으며 독립을 축하해 주었다. 그 뒤 가쓰라기와 다시 교류하게 되었다.

외아들이 히키코모리로 집 안에만 틀어박혀 살 때도, 다키타의 진로 문제로 다툼이 그치지 않아 아내가 아들을 데리고 집을 떠났을 때도, 이혼이 성립되었을 때도, 회사 경영이 좀처럼 궤도에 오르지 못해 사방팔방이 다 막힌 심정에 빠졌을 때도 다키타는 가쓰라기에게는 솔직하게 심정을 털어놓았다.

가쓰라기는 그가 무슨 이야기를 해도 놀라거나 동정하지 않았다. 조언은커녕 감상조차 말하지 않고 재미있다는 듯 어깨를 흔들며 웃어젖혔다. 이래서 인생은 지루하질 않단 말이야, 하고 장난스럽게 눈웃음을 지으며 술을 마셨다. 그런 가쓰라기 앞에 있으면 이상하게 마음이 편해졌다.

인생의 온갖 고난을 웃음으로 넘겨 버리는 것은 그리 쉬운 경지가 아니다. 좋은 스승이었다고 다키타는 새삼 실감하며 추억을 떠올리고 은사의 죽음을 슬퍼했다.

통야는 고후 시 교외에 있는 절에서 치러졌다. 다키타가 도착한 것은 통야가 시작되기 10분 전이었다. 승려는 아직 나타나지 않았고 문상객들이 여기저기서 수군수군 이야기를 나누고 있었는데, 대강 둘러보니 다키타가 아는 얼굴은 없었다.

가쓰라기의 부인은 몸이라도 아픈지 수척하게 여위고 피곤에 짓눌린 모습이어서 말을 자꾸 건네기가 꺼려졌다. 가쓰라기의 자녀 부부나 손자들도 보였지만 전에 소개받은 적이 없어 인사는 하지 않았다.

통야를 하는 곳에는 식사를 위한 별실도 마련되어 있었다. 장의사가 그곳으로 가라고 권했지만 다키타는 향을 올리자마자 밖으로 나왔다. 공연히 오래 머물며 낯선 이들과 초밥에 미지근한 맥주를 마시고 싶지는 않았다.

생명은 예외 없이 종말을 맞이하고 육신은 물론 지나 온 시간

전부가 무로 돌아간다. 광대무변한 암흑 속으로 떠난 망자에게 문상객으로서 작별인사를 했으면 충분하지 더 이상의 배려는 필요하지 않다고 생각했다. 이런 마음가짐도 가쓰라기에게 배운 것이다.

통야 자리에서 빠져나온 다키타는 진동 모드로 해 둔 스마트폰을 꺼냈다. 문자가 하나 와 있었다. 다키타가 방송사에서 일할 때 신경 써서 가르쳐 현재 연출자로 활약하는 후배가 보낸 문자였다.

8월에 방영되는 심령특집을 자신이 일부 담당해 왔는데 올해는 괜찮은 소재가 없어서 곤란하다, 시청자가 투고한 실화나 심령사진, 동영상 따위는 역시 신선미가 떨어진다, 그래서 미안한 말이지만 이번에도 다키타 씨의 폭넓은 인맥 중에 그쪽 실화에 밝은 사람, 혹은 남에게 밝히고 싶지 않을 만큼 무서운 경험을 한 사람이 있다면 소개해 달라……는 내용이었다.

말미에는 '다키타 씨가 심령물 싫어하는 것은 옛날부터 잘 알지만, 아무쪼록 부탁드립니다'라고 적혀 있었다.

이런……. 다키타는 쓴웃음을 흘렸다.

그녀는 서른아홉 살의 독신. 구보 미스즈라는 사랑스러운 이름으로는 상상이 안 될 만큼 일벌레다. 물 빠진 청바지와 셔츠 차림으로 아무리 조건이 열악한 로케라도 몸을 돌보지 않고 뛰어든다. 아침부터 밤까지 프로그램 제작밖에 생각하지 않는다. 누구보다 승부욕이 강하고 약한 소리를 할 줄 모르는 사람이지만 다키타에게만은 속을 터놓았고 다키타가 독립한 뒤에도 이런저런 일로 도움을 청하곤 했다.

　재능을 인정하고 키워 준 만큼 귀엽다고 생각한 적도 없는 것은 아니지만, 이젠 좀 봐주라, 라고 다키타는 중얼거렸다. 무엇보다 다키타가 잘하는 다큐멘터리나 토크 프로그램이라면 넓은 인맥을 구사해서 어떻게든 도와주지 못할 것도 없지만 심령특집이라면 사양하고 싶었다. 그는 폐가에 출몰하는 유령이니 악령이 깃든 고가니 하고 바람을 잡으며 진지하게 다루는 프로그램 자체를 혐오했다.

　방송사 측이 얼마나 이용하는지는 알 수 없지만 세간에는 심령물을 전문으로 하는 업자도 있다. 교묘히 합성해서 심령사진이나 동영상을 만들어 내는 건 일도 아니다. 극단에 속한 무명배우를 아르바이트로 쓰고 얼굴에 모자이크 처리를 해서 있지도 않은 체험을 진술케 하거나 공포에 떠는 모습을 촬영하는 등 하려고만 들면 얼마든지 만들어 낼 수 있다.

　나이도 먹을 만큼 먹은 사람들이 한밤중에 심령 스폿인지 뭔지에 찾아가 심각한 표정으로 꺄악, 꺄악 비명을 지르거나 손에 굵은 묵주를 든 자칭 심령술사가 벌벌 떨며 염불을 외는 장면을 보고 있으면 무섭기는커녕 흥이 싹 가시고 만다. 가혹하고 복잡한 현실을 살아 내는 것만으로도 경황이 없는 다키타 같은 사람에게 심령특집이란 바보스러운 짓거리일 뿐이었다.

　망자라고 해서 무섭거나 하진 않다. 사람은 죽으면 무가 된다.

아무것도 남지 않는다. 살아 있는 사람이 훨씬 무섭다.

미스즈의 문자에는 내일 적당히 답신하자. 뭣하면 전화 통화를 해도 좋겠지. 앞으로 심령물만은 협조할 수 없다는 뜻을 미스즈에게도 확실히 전해야겠다. 다키타는 스마트폰을 상의 안주머니에 넣고 걷기 시작했다.

그날 밤은 근처 숙소에서 혼자 가쓰라기를 추모하는 의미로 조용히 술이나 마시며 보낼 요량이었다. 사무소 직원에게도 짧은 휴가를 쓰겠다고 말해 두었다. 도쿄에는 내일 저녁에 돌아가면 되고, 스케줄도 미리 조정해 놨다.

요즘 들어 부쩍 바빠진 탓에 제대로 쉰 적이 없다. 회의에 회의가 이어지고 협상 자리에다 저녁이면 잘 알지도 못하는 사람들과 회식을 해야 했다. 술자리에 어울리고 청탁하고 청탁을 듣고. 삿포로나 후쿠오카로 당일치기 출장을 다녀오고. ……쉰다섯 육신에는 가혹한 날들이었다.

최근 4, 50대 나이에 돌연사하는 업계 사람들이 끊이지 않고 있다. 텔레비전 업계, 영상 업계는 하나부터 열까지 체력 싸움이다. 누구나 일촉즉발의 리스크를 지고 있고 자신도 예외가 아니라는 것을 다키타는 잘 알고 있었다.

긴 여름낮이 끝나고 주위는 이미 어두워져 있다. 그는 경내에 희미하게 켜진 조명 아래 걸음을 멈추고 담배에 불을 붙였다. 연기를 깊이 들이마시고 다시 걸음을 옮기려는데 문상객 가운데 누가 대기시켜 놓았는지 혹은 문상객을 노리고 기다리는지 경내 전용주차장에 서 있는 빈 택시 한 대가 눈에 들어왔다.

헤드라이트를 끄고 엔진도 정지시켜 놓았지만 운전석에 기사가 앉아 있는 것을 금방 알 수 있었다.

다키타는 택시로 다가갔다. 다키타를 본 기사가 바로 뒷좌석 문을 열어 주었다.

다키타는 열린 문으로 고개를 들이밀고 한 손을 휘저어 담배 연기를 흐트러뜨리며 "예약한 손님이 있나요? 아니면 제가 타도 될까요?" 하고 물었다.

반백 머리에 덩치가 큰 기사가 차내 조명 속에서 "대기하는 거 아닙니다"라고 대답했다. "여기서 통야가 있다고 하니 혹시 손님이 계시지 않을까 해서."

"그럼 부탁합니다."

"어디로 모실까요?"

"그게, 아직 정하진 않았어요. 지금 당장 도쿄로 돌아갈 건 아니고 오늘밤 이 근처에서 느긋하게 묵고 싶은데, 바빠서 예약을 못했네요. 예약하지 않아도 괜찮지 않을까 해서요. 근처에 추천할 만한 숙소가 있으면 가르쳐 주시죠."

"느긋하게 쉬시겠다고 하시니 온천이 좋을까요? 아니면 리조트호텔?"

"아뇨, 호텔은 어디나 다 엇비슷해서 피하고 싶네요. 그리고 온천이 아니었으면 좋겠습니다. 실은 온천욕을 별로 좋아하질 않아서요."

"아, 남자분들 중에는 간혹 그런 분이 계시죠."

"변두리에 외따로 있는 시골티 나는 숙소 같은 곳이 오늘 기분에 딱 맞을 것 같은데."

떠오르는 대로 말해 봤을 뿐이다. 어떤 숙소에 머물고 싶은지 생각해 두지도 않았다. 흔해빠진 온천여관이라도 상관없었던 것이다.

비즈니스호텔만 아니면 어디든 좋다고 다시 말할까 망설일 때였다. 기사가 문득 좋은 생각이 떠올랐다는 듯이 "아, 그렇지!" 하고 목소리를 높였다. "그러시다면 아카마 산장은 어떠세요?"

"아카마 산장?" 하고 다키타는 되물었다. "아사마 산장이 아니고요? 가루이자와에 있는."

"아뇨, 손님, 빨간 방赤い間이라는 뜻의 아카마赤間산장입니다. 고후와 떨어져 있지만 그리 멀지는 않습니다. 조금 산속으로 들어가는 곳이지만 숲에 싸여 있어서 정말 조용하고 좋은 곳이죠. 제가 거기 여주인을 잘 알거든요. 실은 초등학교 동창이라서."

반백의 운전사는 흐흐, 하고 낮은 소리로 웃으며 휴대전화를 꺼냈다. "빈 방이 있는지 전화해 볼까요? 어떠세요?"

"여기서 얼마나 걸립니까?"

"글쎄요. 고후 시내를 통과할 때 조금 막힐지 모르지만 삼사십 분이면 충분합니다."

"삼사십 분이라면 꽤 멀군요."

"조용한 곳을 찾자면 아무래도."

그 아사마인지 아카마인지 하는 산장의 주인과 이자는 필시 그렇고 그런 사이겠구나, 하고 다키타는 짐작했다. 근방을 어슬렁거리는 남자 손님을 데려다 주면 반백 머리의 호주머니에 얼마간의 사례금이 떨어지게 되어 있는지도 모른다.

혹시 돈만 주면 그렇고 그런 '유흥'을 제공하는 산장일까. 그런 숙소는 흔하다.

출장 중에 잠시 자유로운 밤 시간을 허락받은 옹색한 샐러리맨에게는 뜻밖의 요행일지 모르지만 자신은 그런 유흥이 필요 없다고 다키타는 생각했다. 게다가 다른 때라면 몰라도 가쓰라기를 조문하러 찾아온 몸이다. 아무리 그래도 그런 유흥은 내키지 않았다.

하지만 그냥 묵으면 되는 곳인지도 모른다. 달리 찾아보기도 번거로웠다.

"좋습니다. 그럼 거기로 가 볼까요"라고 다키타는 말했다.

말한 순간 갑자기 피로가 몰려왔다. 상복이 아니라 검은 양복을 입고 왔다. 살이 제법 쪘는지 허리춤과 어깨가 왠지 꼭 낀다. 빨리 벗고 샤워를 한 다음 유카타로 갈아입고 시원한 맥주를 마실 수 있다면 어느 숙소든 상관없었다.

반백의 운전사는 폴더폰의 번호판을 누르고 귀에 대더니 "아, 여보세요? 사장님 계세요?" 하며 큰소리로 물었다. "택시 하는 스기야마라고 하면 알 텐데."

잠시 후 여주인이 전화를 받은 듯했다. 반백 머리는 짧은 대화를 나누고 휴대폰을 귀에서 떼며 "빈 방 있답니다"라고 다키타에게 말했다. "지금이 7시 5분 전이죠. 거기 도착해서 식사를 하시면 8시 가까이나 돼야 드실 수 있을 텐데, 만약 오실 거라면 지금부터 식사 준비를 시작하겠다네요. 어떠세요?"

"그럼 그렇게 하시죠"라고 다키타는 말했다.

될 대로 되라지, 하는 기분도 있었다. 이자는 산장과 완전히 한통속이구나, 라고 확신했다. 연휴가 끝난 비수기이므로 산장은 손님을 한 명 확보할 수 있어서 좋고 택시 기사는 산장까지 가는 택시비에다 용돈까지 챙겨서 좋다는 구조로 되어 있을 것이다.

아무리 불황이 오래되었다지만 세상은 변함없이 영악하구나, 라고 생각하니 새삼 지겨워졌다. 낯선 지방의 외진 숙소에서 느긋하게 쉬고 싶다는, 평소엔 안 하던 기특한 발상을 한 것부터가 잘못이다. 얌전히 도쿄로 돌아가 단골 가게에서 가쓰라기를 추모하며 혼자 술이나 마시는 게 좋았겠다고 일찌감치 후회했다.

"결정했으니 당장 그 산장인지 뭔지로 갑시다."

다키타는 무뚝뚝하게 말했지만 반백의 기사는 싹싹했다. "알겠습니다"라고 어색한 투로 말하고 요란한 몸짓으로 차를 출발시켰다. 운전은 유명 모범택시회사의 기사처럼 부드럽고 정중했다.

그리고 잠시 그의 고후 시절 초등학교 추억담을 들어야 했다. 이야기 끝에, 오늘은 어떤 분의 장례였습니까? 라는 공연한 질문까지 받자 다키타는 짜증이 났다.

택시가 고후 시내를 통과한 것을 확인하자 다키타는 "그런데"

하며 최대한 상냥하게 기사에게 말했다. "조금 피곤해서 잠깐 눈을 붙이고 싶으니 도착하면 깨워 주시겠어요?"

백미러를 통해 뒷좌석으로 슬쩍 시선을 던진 기사는 오가는 차량들의 헤드라이트 속에서 커다란 눈을 힐끔 움직였다.

"편안히 주무십시오."

서툰 배우가 하는 대사처럼 짐짓 낮은 소리로 말하는 목소리가 어딘지 상대를 무시하는 것처럼 들려 비위에 거슬렸다. 다키타는 팔짱을 끼고 눈을 감은 뒤 고개를 획 돌리며 시트에 기대었다.

보나마나 저렴한 모텔 비슷한 곳이라 분위기는 고사하고 감각도 촌스러운 곳이겠지. 아무런 기대를 하지 않았기 때문에 아카마 산장을 보았을 때 다키타가 제일 먼저 느낀 것은 가슴속을 관통하는 커다란 놀라움이었다.

고후 시내를 벗어나 18킬로미터 정도 달리다가 산속으로 들어가 고갯길을 조금 올라가니 왼쪽으로 목적지가 보였다. 완만한 비탈 위에 서 있는 단층 건물로, 크림색 외벽은 도색 작업을 마친 참인지 산뜻한 모습이었다. 묵직한 모습이 마치 숲속에 남몰래 지어 놓은 작은 고급 호텔 같기도 했다.

기품 있어 보이는 건물의 모든 창에서는 부드러운 노란 조명이 흘러나와 달이 뜨지 않은 밤인데도 주위 나무들을 뒤덮은 어둠의 깊은 곳까지 녹아들고 있었다.

택시가 자청색 자갈이 깔린 정갈한 포치에 멈추자 안에서 기모노 차림의 주인이 웃는 낯으로 달려 나왔다. 60대 중반쯤으로, 과연 반백의 택시 기사 또래로 보이지만 풍만하고 피부가 하얘서 택시 기사보다 훨씬 도회적이고 몸가짐과 말투도 절도가 있었다.

"어서 오세요. 먼 데까지 와 주셨네요. 기다리고 있었습니다."

그렇게 말하며 웃는 얼굴 그대로 다키타가 들고 있던 검은 가죽 브리프케이스를 받아들려고 했지만 다키타가 완곡히 사양했다.

"여기 기사분이 강력히 추천해 주서서요. 그렇게 훌륭한 곳이라면 꼭 가 봐야겠다 싶어서 와 봤습니다만, 이야, 이건 정말 좋은 곳이군요."

"감사합니다. 해가 져서 경치를 보실 수 없는 게 유감입니다만 내일 아침이면 객실에서 전망을 즐기실 수 있습니다. 식사도 준비되어 있답니다. 피곤하시죠? 자, 이리 드시지요."

"그럼, 사장님, 나는 이만."

반백의 기사가 말하자 주인은 경쾌한 몸놀림으로 돌아보며, "수고하셨어요"라고 말하고 고개를 숙였다. 초등학교 동창을 대하는 것치고는 부자연스럽게 직업적인 말투여서 도리어 수상쩍게 느껴졌지만 다키타는 더 이상 탐색하지 않기로 했다.

지방도시 변두리에 흔히 있는 싸구려 숙소를 상상했지만 관록이 깃든 품격이 느껴졌다. 우연이기는 해도 통야 뒤에 이렇게 제대로 된 숙소를 소개받아서 아무 불만이 없었다.

현관 홀로 들어서자 젊은 종업원이 맞으러 나왔다. 기모노가 어울리지 않을 만큼 어깨가 딱 바라지고 마른 여자였다.

무표정이 자연스러워 보이고 "어서 오세요"나 "가방을 들어 드리겠습니다"라는 말도 책에 있는 대사를 그대로 읽는 것처럼 느껴졌다.

요구하는 대로 다키타가 숙박부에 이름과 주소를 기입하자 주인은 "감사합니다"라고 말하며 방긋 웃었다. 그리고 정중한 손놀림으로 명함을 내밀었다. '아카마 산장 아카마 도키코'라고 적혀 있었다.

"호오, 성함을 그대로 산장 옥호로?"

"그렇습니다. 이곳은 조부 시절에 시작되었고, 제가 3대째입니다."

탄력 있는 이중턱 언저리에 소녀 같은 귀여움이 남아 있다. 웃는 얼굴이 상냥해 보이고 언짢은 인상이 없는 여자였다. 다키타는 호감을 느꼈다.

"손님, 목욕을 하셔야 할 텐데, 공교롭게도 오늘은 예약 손님이 없는 바람에 큰 욕실을 닫아 두어서…… 정말 죄송스럽게도 객실에 있는 욕실을 사용하셔야 합니다. 내일 아침에는 큰 욕실을 이용하실 수 있도록 준비해 두겠습니다. 저희가 자랑하는 큰 욕실은 비탈 건너편 경치가 한눈에 보여 전망이 좋답니다. 내일 꼭 이용해 보십시오."

"네?" 하며 다키타는 놀란 듯이 눈썹을 쳐들어 보였다. "오늘 저녁에 손님이 나뿐입니까?"

"네" 하고 주인은 고개를 끄덕이고 다시 방긋 웃었다. "황금연휴 때는 덕분에 연일 만실이었지만 연휴가 끝나니 텅 비네요. 하지만 이렇게 와 주셔서 정말 기쁩니다. 산장 출입문은 방범 때문에 곧 닫습니다만, 무슨 볼일이 있으시면 언제든 열어 드리니까 말씀만 해 주십시오. ······아, 사토미 씨, 손님을 객실로 안내해 드리세요."

사토미라고 불린 어깨가 딱 바라진 종업원은 고개를 까딱하고는 다키타를 안내하며 앞장서 걷기 시작했다.

말이 프런트지 기다란 서양식 데스크가 전부인 홀을 가로지르자 곧게 뻗은 어둑하고 조용한 복도가 나왔다. 모든 객실은 그 복도를 따라 자리 잡고 있었다.

"홀 건너편이 대형 욕실입니다." 사토미는 그렇게 말하며 아무 의욕도 느껴지지 않는 몸짓으로 가장 안쪽에 있는 문을 열쇠로 열었다. "식사는 나중에 객실로 가져다 드립니다. 볼일이 있으시면 프런트에 전화해 주십시오."

창밖으로 보이는 경치나 내일 날씨 등 이것저것 물어보려고 했지만 곧 체념했다. 이 젊은 여자는 손님과 편하게 대화할 마음이 없어 보였다.

사토미가 물러가자 그는 슈트를 벗어 옷장 안에 걸었다. 양식과 일식을 절충한 객실은 조금 낡기는 했지만 감각은 나쁘지 않았다. 널찍한 트윈베드룸 옆에 도코노마가 딸린 8첩쯤 되는 다다미방이 있었다. 실내에는 묵직한 흑단 좌탁과 방석이 딸린 앉은

뱅이의자가 놓여 있다.

침실의 소형 냉장고에는 캔맥주와 생수 같은 음료가 가득 채워져 있었다. 그는 우선 캔맥주를 하나 따서 꿀꺽꿀꺽 마셨다. 냉장이 잘 되어 상쾌했다.

한숨 돌리고 샤워를 한 뒤 침대에 펼쳐져 있던 흰 바탕에 감색 비백 무늬가 있는 고풍스러운 유카타를 입었다. 그럭저럭 하다 보니 허기진 배가 남우세스러울 정도로 꼬르륵거리기 시작했다.

바쁘게 일하다 보면 허기조차 못 느낄 때가 많다. 역시 이런 무위의 시간을 보내는 것도 중요하구나, 라고 생각하며 그는 프런트에 전화해서 식사를 주문했다.

주인이 사토미를 거느리고 객실로 식사를 가져왔다. 양념통이 딸린 이동식 배선대에 가지런히 차려진 식사는 여관에 어울리는 일식이었다. 매우 소박해 보였지만 다키타는 그래서 더 호감을 품었다.

"오늘은 조리사가 한 명밖에 없어서 평소처럼 차려드리지는 못합니다만, 부디 입맛에 맞으셨으면 좋겠네요."

사토미의 도움을 받아 접시들을 좌탁에 늘어놓으며 주인이 그렇게 말했다. 그리고는 배선대 밑에서 병맥주를 꺼냈다.

"큰 욕실을 제공해 드리지 못한데다 음식도 제대로 차려 드리지 못해 면목이 없습니다. 해서 소소하지만 이렇게 서비스를 준비했습니다."

따라드릴까요? 라고 해서 다키타는 당황하며 잔을 들었다.

"시원한 청주도 준비해 왔습니다. 대단한 건 아닙니다만."

"시원한 청주라. 좋죠. 한 잔 부탁할까요."

음식을 가져다주고 냉큼 물러갈 줄 알았던 주인은 전혀 물러날 기미가 없었다. 사토미에게 "수고했어요. 여긴 이제 됐어요"라고 하자 사토미는 고개를 까딱하고 객실을 나갔다.

"요즘 젊은 아이들은 무뚝뚝해서 못쓰겠어요" 하며 주인이 쓴 웃음을 지었다. "손님에게 인사 한 마디 못한다니까요. 아무리 가르쳐도 소용이 없네요."

"그건 어디나 마찬가지죠. 여자애들이나 남자애들이나 다 그래요. 예전과는 다르니까."

"정말 큰일이에요. 자, 한 잔 더 드세요."

주인은 그리 크지 않은 청주 잔을 다키타에게 건네고 술을 따라 주었다. 어디서나 볼 수 있는 흔한 청주였지만 간간한 반찬들을 집어 먹으며 마시다 보니 몸속에 깊이 박힌 응어리가 서서히 풀리는 느낌이었다.

"그나저나, 놀랐습니다" 하고 다키타는 웃음을 지으며 말했다. "사장님이 몸소 대접해 주실 줄이야."

"달리 손님이 안 계실 때는 이렇게라도 말상대를 해 드리자는 것이 저의 오래된 방침이어서요."

"늘 이렇게?"

"혼자 오시는 손님은 많지 않고, 가족이나 커플 손님일 때는 대개 손님들끼리 단란하게 있는 걸 좋아하시니까 늘 이렇게 제가 상대해 드리는 건 아닙니다. 저어, 혹시 번거로우시면 주저 마시고 말씀해 주세요."

"아뇨, 괜찮아요. 이렇게 상대해 주시니 평소 쌓였던 스트레스가 풀리는 것 같고, 저야 고맙지요."

"일이 바쁘신가 봐요."

"텔레비전을 위주로 프로그램 제작사를 운영하고 있어요. 작은 회사지만 매일이 전쟁이죠. 스트레스 느낄 틈도 없어요."

"세상에, 그렇겠네."

다키타는 고개를 끄덕이고, 묻지도 않았는데 고후에서 학창 시절 은사의 통야가 있다는 이야기를 했다. 은사가 어떤 사람이었는지, 어떤 영향을 받았는지, 회사를 어떻게 세우게 되었는지, 심지어 자신의 이혼담까지 스스럼없이 늘어놓았고, 나는 대체 초면인 사람 앞에서 무슨 소리를 지껄이는 걸까, 하고 의아해하면서도 주인이 따라 주는 대로 술을 마시고 안주를 먹었다.

주인은 그의 이야기를 경청하며 고개를 끄덕이거나 웃고, 때로는 동정하며 미간을 찡그리기도 했다. 틈틈이 짤막하게 장단을 맞춰 주는데, 매번 따뜻하고 인간미 넘치는 말로 느껴졌다. 그는 더욱 기가 살아서 이야기했다.

"이야, 오늘 만난 택시 기사에게 감사를 드려야겠군요" 하고 다키타는 벌게진 얼굴로 말했다. "설마 이렇게 기분 좋은 숙소를 소개해 줄 줄은 꿈에도 몰랐습니다. 실례되는 표현일지 모르겠습니다만 그야말로 뜻밖의 횡재예요."

주인은 다키타가 권하는 술잔에는 손을 대지 않았다. 술은 한 방울도 못 한다고 했다. 그래도 취기가 오른 손님을 대하는 요령이 능숙한 듯 "아유 뭘요, 감사합니다. 칭찬해 주시니 영광입니다"라고 말하면서 치켜뜬 눈길로 의미심장하게 힐끔 쳐다보았다.

"……저어, 손님."

"네?"

"이상한 말로 들리시겠지만, 저, 실은 아까부터 마음이 자꾸 술렁여서 어떻게 해야 좋을지 모르겠군요."

1초를 몇 분의 1로 쪼갰다고 느껴질 만큼 짧은 순간, 야릇한 상상이 다키타의 머릿속을 스쳤다.

"마음이 술렁여요?" 그는 아무런 티를 내지 않고 물었다. "무엇 때문이죠?"

"잘 설명하기가 힘들지만…… 아마 누구에게도 말할 수 없을 얘기를, 제가, 지금 여기서, 손님께 들려드리고 싶어져서요. 손님이 텔레비전 관련 일을 하시고 보통 사람들보다 이런저런 일에 훨씬 더 관심이 많을 것 같아서, 그냥."

비밀을 밝힘으로써 손님과의 거리를 좁히고 무언가 시도하려는 걸까. 하지만 이런저런 추측을 거듭하던 다키타는 이내 어리석은 상상을 하는 자신이 부끄러워졌다. 주인에게서 풍겨 나는 것은 그런 종류의 비열한 유혹이 아니라, 뭔가 다른…… 비밀로 해 온 불안의 냄새였다.

"밤은 기니까" 하며 다키타는 평정을 가장하며 잔에 있던 술을 단숨에 비웠다. "어떤 이야기든 들어 드리죠. 이것도 인연이라면 인연이니까."

잔이 빈 것도 의식하지 못했는지, 주인은 문득 진지한 표정이 되어 다다미 위에 자세를 고쳐 앉고 새삼 그를 똑바로 쳐다보았다. "이런 종류의 이야기를 싫어하실 수 있다는 것은 압니다. 하지만, 실제로 있었던 일이어서……."

"사장님도 꽤 뜸을 들이시네."

다키타는 웃어 보였지만 주인은 웃지 않았다. 실내 온도가 조금 떨어지고 서늘한 정적이 먼지처럼 내려 쌓이는 기분이었다. 순간 다키타는 주인이 이제 말하고자 하는 이야기가 어떤 종류인지 감을 잡고 저도 모르게 어깨의 긴장을 풀었다.

이런, 심령 현상이니 유령의 저주니 하는 괴담이 분명하구나. 이렇게 밝고 청결한 산장이니 예전에 자살이나 살인이 있었다거나 심령 스폿으로서 은밀히 화제가 되었다거나 하는 이야기는 어울리지 않을 테고, 그렇다면 아마 지박령이니 뭐니 하는 쪽이겠지. 그것도 아니라면 부근 산에 얽힌 괴담이거나.

다키타는 내심 조소하며 탄식했다. 하필이면 그런 이야기를 들어야 하다니. 열심히 듣는 척하는 거라면 얼마든지 가능하지만 흥이 깨진 나머지 곧 졸아 버릴 게 틀림없다.

하지만 주인은 그의 심정 변화를 알아차리지 못한 듯했다. 처음에는 제법 주뼛거리며 말을 꺼내기 힘들어하는 기색이더니 곧 이야기가 활기를 띠기 시작했다.

……이 근방에는 메이지 시대 초기에 와인 주조회사가 설립되어서 전부터 와인에 관심을 가진 사람이 많았다고 한다. 아카마 산장의 초대 주인이자 지금 다키타에게 열심히 이야기하고 있는 도키코의 조부도 예외가 아니어서 산중에 절벽이 많은 이 지역의 특성을 살려 산장 아래에 지하도 같은 좁고 긴 터널, 요즘 식으로 말하면 와인 셀러를 만들었다. 습도도 온도도 적당해서 와인 숙성에 딱 맞았으므로 조부는 국내외에서 구한 와인을 그곳에 저장하고 손님에게 대접하거나 몸소 즐겼던 모양이다.

조부가 타계하고 산장을 운영하던 조모도 세상을 떠난 뒤에는 외아들이던 도키코의 부친이 뒤를 이었다. 부친은 교토에서 염색을 배운 사람으로, 언젠가 염색 장인으로 독립하여 교토에 살기로 되어 있었다. 하지만 산장을 물려받을 사람이 없는 것이 안타까워 제 꿈을 버리고 이곳으로 돌아왔다.

부친은 와인에 조부만큼 관심이 있는 것도 아니어서 지하 와인 셀러도 곧 활용되지 않게 되었다. 하지만 지하 공간은 처음부터 마음에 들어해서, 벽에 설치한 조명을 아름다운 수입품으로 바꾸거나 바닥에 얇은 융단을 깔고 책상을 들여놓은 다음 거기서 글을 썼다. 때로는 손님을 초대하여 촛불 아래 색다른 술자리를 마련하기도 했다.

"그런데 그 와인 셀러랄지 지하 공간 말인데요." 도키코는 침을 꿀꺽 삼키며 말했다. 그렇게 봐서 그런지 창백해진 얼굴에서 문득 표정이 사라졌다.

도키코는 다키타를 정면으로 쳐다보며 "거기에" 하고 묘하게 느릿느릿 말했다. "……유령, 이 나와요. 오래전부터 계속, 같은 유령이. 저는 최대한 그곳에 들어가지 않으려고 하지만, 지금도 창고로 쓰기 때문에 가끔은 비품을 찾으러 들어가지 않을 수 없습니다. 여전히 그 유령 때문에 마음고생을 하고 있지요."

"어떤 유령입니까?" 다키타는 지극히 의례적인 질문을 던졌다. "할아버지 시절에 거기서 누가 죽었다거나 오래된 인골이 나왔다거나 무슨 사연이 있는 장소인가요?"

"그런 일은 전혀 없습니다. 아마 없을 겁니다. 아무튼 저는 그런 이야기는 들은 게 없어요. 하지만, 나옵니다. 키 크고 빼빼 마른 남자 유령과 여덟 살쯤 되는 사내아이 유령이. 두 사람 모두 항상 낡고 그을린 듯한 갈색 홑옷을 입고는 지하에 들어온 사람 옆을 쓰윽 지나간다고 하는데……."

다키타가 뭐라고 말하려는 순간 도키코는 부르르 진저리를 치며 자신의 양팔을 문질렀다. "너무 싫어요, 저는. 이런 이야기를 하면 무서워져요."

"사장님은 직접 본 적이 없군요."

"네. 하지만 종업원들은 봤대요. 요즘도. 아까 왔던 사토미는 우리 여관에 취직한 지가 얼마 되지 않아서 아무것도 모르지만 조리실의 오래된 직원들은 거의 다 본 적이 있다고 합니다."

"그럼, 대대로, 여기서 일한 사람들은 다 보았다는."

"그렇습니다. 전에는 지금보다 규모가 커서 직원도 많았는데,

다들 뒤에서 수군거렸다고 해요. 어머니는 아버지가 교토에서 만나 데려온 사람인데, 너무 무서우니 그런 섬뜩한 지하실은 당장 없애 버리자고 했습니다. 하지만 그곳을 허물면 여관 전체가 기울어 버릴지 모른다며 아버지가 맹렬하게 반대했죠. 설계사와 상의해 보았지만 역시 지하실만 철거하는 것은 무리가 있다고 했답니다. 저도 어릴 때 직원들에게 종종 유령 이야기를 들었습니다. 무서워서 잠도 안 오고, 그때마다 어머니 이불 속으로 파고들었죠."

"어른들이 아이에게 겁을 주며 재미있어했던 거겠죠."

"아뇨." 도키코는 단호하게 고개를 저었다. "다 진짜였어요."

"아버님은 어땠습니까. 유령이 나오는 걸 알면서 태연하게 그 지하 공간을 애용하신 건가요?"

"태연한 정도가 아니라 재미있어 하셨지요. 아버지는 염색 장인이었기 때문에 염색한 옷감에는 늘 관심이 많았어요. 해서 그 유령들이 입고 있던 낡은 연갈색 천에 흥미를 느끼셨죠. 낡긴 했지만 그것은 틀림없이 천연 염색이다, 수수한 것이 참으로 아름답다고 하셨어요. 당신도 천연 염색으로 그런 옷을 재현해 보고 싶다면서요. 그게 뭐였나, 감물로 만든 염료로 실을 염색하는 작업으로 시작해서 오랜 시간이 걸렸지만, 마침내 유령이 입고 있던 옷과 거의 같은 천을 염색해 내셨습니다. 악취미라고 생각지 않으세요? 아버지에게는 그런 별난 구석이 있었어요. 왜 여기 있는지, 어느 시대 분들인지 물어보고 싶댔어요. 그래서 동일한 천연 염색 옷감을 만들어 보여 주고 현대에도 같은 걸 염색할 수 있다는 것을 알려 주겠다고 하셨죠."

"그럼 유령이 입은 것과 똑같은 옷감을 만드셨나요?" 그렇게 묻고 다키타는 쿡쿡 웃었다. 별종이라니, 당치도 않다. 별종을 넘어 정상이 아니고 완전히 미치광이라고 생각했지만 역시 입 밖에 내지는 않았다.

도키코는 고개를 끄덕이고 계속했다. "아버지가 그, 당신이 만드신 자못 고풍스러워 보이는 천을 들고 안으로 들어가자 곧 두 유령이 나타났다고 합니다. 아버지가 유령들과 어떤 대화를 나눴는지는 모릅니다. 이유는 모르지만 아버지는 절대로 말해 주지 않았어요. 저에게도 어머니에게도 그 누구에게도. 다만 이상한 말씀을 하셨죠. 아무래도 유카타가 그 유령들을 불러들이는 것 같다고."

"그 말씀은 곧 아버님이 그때 유카타를 입고 있었다는 건가요?"

"네. 아버지는 목욕 후뿐만 아니라 평소 손님을 맞을 때 말고는 대개 유카타 차림으로 지내는 습관이 있었습니다. 하지만 그런 것에 반응하다니, 어찌된 걸까요. 에도 시대인지 언제인지 이 근방에서 죽은 농민이나 누군가의 유령일까요? 하지만 왜 우리 여관 지하에 자리를 잡은 건지. 영문을 모르겠어요. ……아아, 죄송해요, 이런 얘기, 우스꽝스럽게 들리겠죠. 하지만 사실입니다."

"그들이 어떤 자들이고 여기서 무슨 일이 있었는지는 짐작도

가지 않습니다만."

술기운이 도는 데다 졸음까지 몰려왔다. "아무튼 이상한 유령들이군요. 홑옷을 입고 있었다면 무사나 승려나 지위가 높은 사람은 아닌 것 같은데. 모를 일이네요."

도키코는 혼잣말처럼 계속했다. "아버지와 어머니 모두 세상을 떠나셨어요. 제게는 형제자매도 없고요. 혼자 남아 결혼도 하지 않고 독신으로 이 나이가 되고 말았지만, 그래도 산장을 열심히 운영해 보자, 고객을 기쁘게 해 드리자고 마음먹었습니다. 손님을 정말 기쁘게 해 드리려면 주인인 제가 명랑하고 건강해야죠. 해서 지금도 그 지하에 들어가지 않을 수 없을 때는 절대로 유카타는 입지 않으려고 합니다. 유카타는 물론이고 기모노를 입고 들어가기도 싫고⋯⋯."

말이 끊겼다. 고개를 크게 끄덕인 순간 다키타는 갑자기 강한 졸음에 저항할 수 없게 되어 앉은뱅이 의자에 앉은 채 고개를 끄덕거리며 잠들었다.

구보 미스즈가 흥분한 목소리로 다키타에게 전화한 것은 그로부터 나흘 뒤였다.

"다키타 씨, 정말 감사해요. 아까 아카마 산장에 전화해서 조심스럽게 취재 요청을 해 보았거든요. 주인이 한참을 망설였지만, 역시 다키타 씨의 힘이겠죠, 다키타 님께서 소개하셨다면 만나 봬야죠, 라고 하더라고요! 마지못해 응하는 느낌이긴 했지만 그래도 응해 준 건 사실이니까 마음 변하기 전에 해치워야 할 듯해서 당장 내일 아침 일찍 출발하려고요!"

"잘 됐군" 하고 다키타는 말했다. "누구랑 갈 건데? 다른 디렉터와 같이 가나?"

"아뇨. 이 건은 제가 독점하고 싶어서 저 혼자 가요. 물론 카메라맨은 데려가지만요. 하지만 사전 답사용 촬영 허가조차 받아내지 못할 가능성도 있으니까 우선은 제가 직접 눈으로 보고 더 상세한 이야기를 듣고 올게요. 주인을 설득하는 건 그다음이죠."

"유카타를 입고 가지그래. 유카타를 입고 들어가면 반드시 나온다고 하니까."

아하하하, 하고 미스즈는 호쾌하게 웃었다. "그러고 싶지만 아무리 그래도 유카타 차림으로 일할 수는 없잖아요. 정말이지 다키타 씨, 감사합니다! 만약 이번 일이 잘되면 올해 특집의 꽃이 될 게 틀림없어요. 촬영 당일 현지에 내려갈 탤런트도 벌써 물색하고 있는 중이에요. 아무튼 나중에 또 경과를 보고할게요."

"돌아올 때 괜찮은 고슈 와인이라도 사 오든지."

"안 그래도 그럴 생각입니다!"

평소와 조금도 다르지 않은 씩씩함이었다. 감기 기운이 있다거나 컨디션이 나쁘지만 참고 간다거나 하는 기미는 전혀 없었다. 그런 사정이 있었으므로 이틀 뒤 미스즈가 사전 연락도 없이 사무실에 불쑥 나타났을 때 그는 적지 않게 놀랐다. 미스즈는 결코 사전 연락도 없이 자기 편할 때 남의 영역에 불쑥 나타나는 사람이 아니었다.

미스즈는 색이 바래 지친 것처럼 보이는 폴로셔츠에 추레해 보이는 치노바지 차림이었다. 안색도 좋지 않고 몹시 피곤해 보였다.

"선물이에요." 고슈 와인이 들어 있는 긴 종이 봉지를 내밀며 미스즈가 말했다. 그러고는 힘없이 웃으며 덧붙였다. "불발로 끝났어요. 아카마 산장 주인을 설득하지 못했거든요. 하는 수 없죠. 포기할래요."

"자, 일단 앉지." 다키타가 소파를 권했다.

사무실 한쪽에 간단한 회의가 가능한 자리를 만들어 두었다. 파티션으로 막아 놓은 것이 전부인 좁은 공간이지만 불쑥 찾아오는 손님이나 막역한 지인과 이야기할 때 편했다.

다키타는 미스즈가 준 고슈 와인을 테이블 위에 내려놓고 미스즈 맞은편에 앉아 담배를 물었다. 에어컨을 틀 철은 아니지만 실내가 조금 무덥게 느껴졌다. 그 탓인지 미스즈는 이마 가장자리에 땀을 흘리고 있었다.

다키타는 담배 연기를 깊이 들이마시며 "그래? 안 됐단 말이지" 하고 말했다. "여관 이름을 공개하지 않더라도, 요즘 세상이 그렇잖아. 어디에 있는 어느 여관인지 누군가 금방 알아낼 테고, 그렇게 되면 손님이 줄어들 게 뻔하니까, 애초에 이런 일은 쉽지 않았는지도 모르지."

"하려고만 들면 완벽하게 보안을 지킬 방법은 얼마든지 있어요. 하지만 분명하게 거절당한 게 도리어 잘된 일인지도 몰라요."

미스즈는 살짝 꺽꺽거리는 목소리로 말했다. "지하에 들어가 볼 수는 있었지만, 진짜 너무나 기분 나쁜 곳이었거든요."

"기분 나쁘다는 게?"

미스즈는 조금 치켜뜬 시선으로 다키타를 보았다. "잘 설명을 못하겠네요. 다시는 가고 싶지 않고 생각하기도 싫어요. 들어가지 말았으면 좋았을걸."

"호오" 하고 다키타는 상체를 내밀었다. 짐짓 쾌활하게 웃어 보였다. 미스즈가 이렇게 감정을 드러내는 모습을 처음 보았다. 제법 귀여운 구석도 있는걸, 하고 생각했다.

"억지로 떠올리게 해서 미안하지만, 소개한 게 나니까 일단 어떤 상황이었는지 자세히 이야기를 들어 보고 싶군. 그 지하는 어디로 들어가는 거지?"

"1층 조리실 옆에 출입문이 있었어요. 평소에는 잠가 두고 열쇠는 주인 한 사람만 가지고 있대요."

"주인과 카메라맨도 함께 들어갔나?"

"주인은 들어가기 싫다고 문밖에서 기다렸어요. 카메라맨에게도 안에 들어가지 말라고 강하게 요구하더군요."

"그럼 너 혼자 들어갔군."

"그래요."

"그래, 안은 어떤 모습이었지?"

"문을 열면 바로 길고 가파른 계단이 있고, 계단을 다 내려가면

긴 통로가 쭉 뻗어 있어요. 답답한 곳일 거라 생각했지만 천장이 뜻밖에 꽤 높더군요. 전에는 거기에 선반을 나란히 놓고 와인 병을 재워 두었다고 하는데, 지금은 그냥 창고가 되어 있었어요. 조명은 있었지만 어두침침했고 곰팡이가 낀 듯한 느낌이더군요. 막다른 데까지 50미터쯤 되지 않을까 싶어요."

"그렇게 길어?"

"지하실이라기보다 긴 지하도라는 느낌이에요. 아아, 진짜 기분 나쁜 곳이었어요."

"이봐" 하며 다키타가 놀렸다. "고작해야 선대부터 전해 내려온 괴담 같은 거잖아. 그래 봐야 아동용 이야기지."

"하지만, 옷감이 있었어요."

"옷감?"

"네. 예전에 주인의 부친이 염색했다는 옷감. 다키타 씨가 주인에게 들었던 대로였어요. 가로세로 1미터쯤 되는 네모난 옷감이 낡아서 가장자리가 너덜너덜하고 변색되어 있던데, 그게 그대로 지하도 벽에 녹슨 압정으로 고정되어 있었어요. 너무 무서웠어요. 쳐다보기도 싫었어요."

"그게 그렇게 무서웠나? 주인의 부친이 벽에 박아 둔 것이 그대로 남아 있을 뿐일 텐데."

미스즈는 숨을 크게 들이마셨다가 긴 한숨을 지었다. "지하실에서 나와 주인에게 물어보았어요. 벽에 압정으로 고정해 둔 것은 아버님이 염색한 옷감이겠군요, 오래 돼서 변색되어 있던데요. 그러자 주인의 안색이 확 변해서, 그런 거 벽에 박아 둔 적 없습니다, 라는 거예요."

"흐음." 다키타는 유리 재떨이에 담배를 비벼 껐다.

미스즈까지 심령 현상인지 뭔지를 믿는 것 같아서 마뜩치 않았다. 무슨 일이 일어나도 침착한 사람인 줄 알았는데.

"듣고 보니," 그는 애써 심드렁한 투로 말했다. "사전 답사를 하고 왔을 뿐인데 심령 프로그램이 하나 생겨날 판이군. 그것도 성과라면 성과겠지."

그 말에는 대꾸하지 않고 "아무튼" 하며 미스즈는 얼굴을 들었다. 애써 웃는 듯한 얼굴 여기저기에 구슬 같은 땀방울이 맺혀 있었다. "사정이 그랬습니다. 다키타 씨에게 이번에도 신세를 졌는데, 좋은 결과를 전해 드리지 못해서 면목이 없네요."

"왜 그래?" 하고 다키타가 물었다. "땀을 엄청 흘리네."

미스즈는 손가락 끝으로 땀을 닦더니 "괜찮아요"라고 말하고 소파에서 일어섰다. "그럼, 오늘은 이만 실례할게요. 다시 연락드리겠습니다."

돌아가는 미스즈의 뒷모습을 바라보던 다키타는 문득 언짢은 기분을 느꼈다. 2월에 가쓰라기를 마지막으로 만났을 때도 그랬는데. 망자의 얼굴을 닮은 무언가를 봤다는 느낌……

하지만 그는 곧 방금 느낀 불길함은 자신과 어울리지 않는 감정이라고 생각하며 얼른 담배를 꺼내 물었다.

한 달쯤 지나 장마가 시작되었다.

그 뒤 어떻게 되었는지 궁금하기도 해서 다키타는 미스즈의 스마트폰에 두 번쯤 연락해 보았다. 음성 녹음 안내가 흘러나왔지만 음성은 남기지 않았다. 부재중전화 표시가 남을 테니 곧 전화가 올 거라고 생각했는데, 두 번 모두 전화가 없었다. 신경이 쓰이기는 했지만 다키타도 일에 쫓기느라 어느새 잊고 말았다.

텔레비전 방송사에는 미스즈를 아는 사람이 셀 수 없이 많다. 복도에서 마주쳐 가볍게 몇 마디 나누다가 구보 미스즈는 잘 있느냐고 물어볼 수도 있었지만, 독립하고 나니 그렇게 묻기도 여의치 않았다.

피부에 들러붙는 듯한 유월의 안개비가 추적거리는 해 질 무렵. 다키타는 마침 스태프들이 모두 외근 중이라 아무도 없는 사무실에서 미스즈의 스마트폰에 연락해 보았다. 호출음이 반복되다가 역시 음성 녹음으로 넘어가고 말았다.

메시지는 남기지 않았다. 스마트폰을 확인하면 전화를 걸어 올게 틀림없는데 도통 연락이 없는 것이 이상했다. 혹시 번호를 바꾸고 알려 주는 걸 깜빡했을까? 아니면 휴대폰이 연결되지 않는 지역에 있나?

다시 일을 하려다가 미스즈를 아는 프리랜서 카메라맨이 있다는 사실을 떠올렸다.

다키타보다 연상이며 전에 몇 번 같이 일해 본 적이 있다. 몇년 전 시청률 높기로 유명한 그 심령특집 프로그램을 맡았다는 이야기를 들은 적도 있다. 어쩌면 이번에도 방송사에서 의뢰를 받았는지 모른다.

매일같이 전국을 뛰어다니는 사람이므로 부재중전화를 남겨야 할 줄 알았는데 의외로 바로 연결되었다. 지하철 역 구내 같은 곳에 있는지 주위 소음이 요란했다.

다키타는 인사도 하는 둥 마는 둥 바로 미스즈 이야기를 꺼냈다. 최근 연락이 되질 않는데 잘 지내는지 모르겠다고 짐짓 가볍게 묻자 상대는 "미스즈 짱 말이군요"라고 답했다. "왠지 늘 힘이 없고 컨디션이 나쁜 것 같다는 얘기는 들었습니다. 8월 심령특집 때 저도 작업하기로 되어 있으니 미스즈 짱을 만날 줄 알았는데 아직 한 번도 보지 못했네요. 무슨 일일까요."

"입원했다거나 하는 얘기는 못 들었어요?"

"네, 못 들었습니다."

"방송사를 그만뒀나?"

"글쎄, 잘 모르겠네요. 다음에 누구한테든 물어볼까요?"

다키타는 혹시 미스즈를 만나면 자기한테 연락하라는 말을 전해 달라고만 부탁하고 통화를 마쳤다.

예전에 같이 일하던 사람 두어 명에게도 연락해 보았지만 다들 미스즈와 개인적으로 친한 것도 아니고 매일 자기 업무에 쫓기느라 일개 여성 디렉터가 요즘 어떻게 지내는지 아는 사람은 없었다.

미스즈가 사는 다카다노바바 근처 아파트로 찾아가 볼까 하다가 주소를 모른다는 사실을 깨달았다.

걱정이 과한 건지도 모른다는 생각과, 아니, 역시 뭔가 이상하다는 묘한 육감 같은 것이 혼재해 있었다. 다키타는 이 바쁜 시간에 내가 대체 뭘 하는 거지, 하고 자책하면서도 아카마 산장에 전화를 걸어 보기로 했다.

전에 만났을 때와 같은 명랑한 목소리로 전화를 받은 주인은 다키타가 이름을 밝히자 "어머" 하며 놀란 기색이었다. 목소리도 작아졌다. 방금까지 화창하던 하늘에 먹구름이 몰려와 주변 풍경이 한순간에 그늘에 들어간 듯한 느낌이었다. "다키타 님. 지난번엔 감사했습니다……."

"아뇨, 저야말로. 그 뒤에 구보라는 디렉터가 그쪽으로 찾아뵀다고 하던데 오늘은 그 일과 관련해서 잠깐……."

"촬영은 거절했습니다만 지금도 죄송스럽게 여기고 있습니다. 모처럼 다키타 님의 소개로 오셨는데."

"아뇨, 그런 프로그램을 제작하겠다는 사람에게 멋대로 이야기를 전해서 사장님이 많이 불쾌하셨을 수도 있겠다는 생각을 뒤늦게 했습니다. 미리 허가를 구했어야 하는데. 사과드립니다."

"아뇨, 아뇨, 천만에요……."

"다름이 아니라 그 구보라는 사람 말인데" 하며 다키타는 가볍게 헛기침을 했다. 이제부터 말하려는 내용이 얼마나 뜬구름 잡는 이야기인지 잘 알면서도 이미 거기에 사로잡혀 불안해지기 시작한 자신이 어색하게 느껴졌기 때문이다. "그 후 거기로 연락하거나 하진 않던가요?"

"구보 님으로부터 말인가요? 아뇨, 전혀" 하고 주인은 말했다. 분명한 말투였다. "아무 연락도 없었습니다만."

"그래요? 그럼 됐습니다. 바쁘실 텐데 실례했습니다."

"무슨 일이 있나요?"

"아뇨, 그냥, 구보가 거기 지하실에 들어가 본 뒤, 뭐랄까, 몹시 겁에 질려 있더군요. 사장님이 촬영을 거절하셨다는데 저와 상의하지도 않고 사장님에게 끈질기게 연락해서 폐를 끼친 건 아닌지, 뭐 그런 걱정이 조금 되어서요. 자기가 원하는 프로그램을 위해서라면 물불을 가리지 않는 사람이어서."

거짓말이 입에서 술술 나왔다. 다키타는 관자놀이에 식은땀이 나는 걸 느꼈다.

"아뇨, 그런 일은 없었습니다"라고 주인은 부드럽게 말했지만 목소리에 그늘이 느껴졌다. "아무튼 연락은 한 번도 없었습니다."

"그럼 다행이군요." 다키타는 짐짓 개운한 목소리로 말했다. "기회가 되면 또 쉬러 가겠습니다. 우리 사무실 사람들하고요."

"감사합니다." 주인이 의례적인 인사를 하자 다키타는 전화를 끊었다.

빗줄기는 굵어졌다 가늘어졌다 하며 저녁 내내 내렸다. 다키타는 왠지 으스스한 기분을 품은 채 평소보다 일찍 집으로 향했다.

미스즈의 안부가 걱정되어 여기저기 전화하고 멍하니 잡다한 생각을 한 탓도 있어서 마무리 지어야 할 업무가 많이 쌓이고 말았다. 10월부터 시작되는 심야 토크 프로그램 구성을 아직 완성하지 못했다. 사회자로 발탁된 남자 배우와 친한 사이라는 점도 있어서 다행히 의뢰를 받았지만 가쓰라기의 장례에 다녀온 뒤로 아무래도 신경이 산만해져서 몇 번이나 고쳐 쓰다 보니 도리어 혼란스러워진 상태였다.

사무실에서 계속 일해도 좋았겠지만, 비 내리는 밤에 인기척 없는 주상복합빌딩에 혼자 남아 있는 것이 문득 싫어졌다. 전에는 이런 적이 전혀 없었는데 이상하네, 하고 다키타는 생각했다. 피로가 많이 쌓인 탓인지도 모른다.

미스즈가 잘 지내고 있다면 오늘 같은 저녁에 억지로 불러내 어디서 가볍게 한 잔 마시며 방송사의 이런저런 뒷소문을 나누거나, 시청률 높은 프로그램의 저속함을 도마에 올리거나, 미스즈가 관여하는 프로그램에 아이디어를 제공하는 대가로 여성 시각에서 바라본 조언을 구해 볼 수도 있었을 텐데……. 미스즈의 부재는 정체 모를 불안을 키웠지만, 뜻밖에도 그 이상으로 고독을 불러 왔다.

사무실을 나서려다가 다시 한 번 미스즈에게 짧은 문자를 보냈다.

'어떻게 지내는지 걱정이군. 연락 부탁해.'

그날 네 번째 문자였다. 보내고 나서 몇 분간 기다려 보았지만 역시 답신은 없었다.

자기가 무엇을 걱정하고 왜 불안해하는지 다키타는 알 수 없었다. 그저 미스즈가 스마트폰을 분실해서 연락할 수 없게 되었을 뿐인지도 모른다. 욕실에서 졸다가 스마트폰을 물속에 빠뜨렸을 수도 있다. 연락이 안 된다고 중병이나 실신, 돌연사, 정신적 불안정 등 다양한 비극적 상황을 상상하는 것은 잘못이라고 스스로를 타일렀다.

그런 다키타가 밤늦은 시간에 집에서 샤워를 마치고 냉장고에서 츄하이 캔을 꺼낼 때였다. 주방 테이블 위에 두었던 스마트폰이 문자 수신을 알렸다.

그는 얼른 뛰어갔다. 기다리던 미스즈의 답신이었다.

'연락 못 드려 죄송해요. 지금 댁으로 찾아봬도 될까요?'

미스즈는 전에 딱 한 번 다키타 집에 찾아온 적이 있다. 촬영차 하와이에 갔던 그녀가 커다란 마카다미아 초콜릿 상자를 선물로 사 왔을 때였다. 마침 근처에 볼일이 있는데, 괜찮다면 잠깐 들러서 전하겠습니다, 라는 문자를 미리 보내고 방문했었다.

당시는 일요일 저녁이라 마침 지인들과 골프를 치고 귀가한 참이어서 피곤한 상태였다. 들어와서 커피라도, 하고 의례적으로 권했지만 미스즈는 처음부터 그럴 마음이 없었는지 현관 앞에서 선물만 전하고 돌아갔다.

몇 년 전인지 얼른 기억나지 않는다. 그때 볕에 잘 그을린 건강했던 미스즈의 얼굴을 떠올리다가 다키타는 문득 의아함을 느꼈다. 문자를 보내도 답신조차 못하는 상태였으면서 이렇게 비 내리는 밤에 굳이 집까지 찾아올 필요가 있을까. 게다가 오늘밤에 내가 집에 있다는 것을 어떻게 알았을지.

하지만 미스즈가 무사하다는 사실을 알게 되었으므로 마음이 놓였다. 다키타는 복잡한 생각은 그만두고 '기다릴게'라고만 회신했다.

츄하이 캔을 한 모금 마시고 티셔츠와 추리닝 바지를 입은 다음 젖은 머리를 말리기 위해 욕실로 가려 할 때 인터폰이 울렸다.

바로 근처에 있었나, 그는 고개를 갸웃하며 생각했다. 아무리 그래도 이건 너무 빠르다. 아파트 바로 옆에 있지 않았다면 문자를 보낸 뒤 이렇게 금방 도착할 수는 없다.

그는 수건으로 머리를 거칠게 닦으며 벽에 걸린 인터폰으로 달려가 통화 버튼을 눌렀다.

지난해 말 최신형 인터폰으로 교체했다. 모니터도 커져서 방문객이 더 잘 보이게 되었다.

화면에는 카메라를 향해 선 미스즈의 모습이 비쳤다. 정면을 향하고 있었다. 그 양 어깨에 뭔가 거뭇하고 가느다란 물체가 축 쳐져 있는 것이 보여서 다키타는 저도 모르게 숨을 삼켰다.

그것은 아무리 봐도 고풍스러운 기모노 소매에서 나온 사람 팔이라고밖에 볼 수 없었다. 소매는 찻잔에 낀 때와 같은 추레한 색이었다.

"다키타 씨" 하고 말하는 미스즈의 목소리가 들렸다.

울음이 섞인 목소리였다. "보여요? 거기 잘 보이죠? 아마 잘 보일 거예요."

"이봐" 하고 다키타는 쥐어짜내는 듯한 목소리로 말했다. 목소리가 꺽꺽댔다. "대체 그건……."

"저…… 어쩌면 좋아요."

미스즈는 인터폰 카메라를 의식하며 엄청나게 무거운 것을 등에 진 것처럼 상체를 구부정하게 굽힌 채 천천히 옆으로 돌아섰다.

모니터 화면에 비친 미스즈 등에 이 세상의 존재로 보이지 않는 빼빼 마른 남자, 그리고 그 남자 등에 어린 사내아이가 업혀 있는 것이 보였다.

연기처럼 실체가 없는, 그러면서도 납작한 몸뚱이를 가진 두 개의 이형이 미스즈 등에 찰싹 들러붙어 있었다. 둘 모두 고개를 숙이고 있어 얼굴은 볼 수 없었다. 단발인지 빡빡 밀었는지 분명하지 않지만 적어도 상투를 튼 것처럼 보이지는 않는다고 생각한 순간 다키타는 찬물을 뒤집어쓴 듯 온몸이 굳었다.

"저, 어떻게 해야……." 미스즈는 옆으로 돌아선 채 울기 시작했다. 아무도 없는 아파트 현관 홀에 미스즈의 울음소리가 울려 퍼졌다. "다키타 씨, 도와주세요. 제발요. 지금 댁으로 올라갈게요."

"아니, 그건……." 그는 그렇게 말하고는 이내 "안 돼!" 하고 큰소리로 외쳤다.

황급히 인터폰을 끄려고 했다. 하지만 손가락이 떨린 탓인지, 혹은 이형의 힘이 작용했는지, 정신을 차리고 보니 '종료'가 아니라 '열림' 버튼을 누르고 있었다.

　아무것도 비치지 않게 된 검은 모니터 화면을 앞에 두고 다키타는 경악한 얼굴로 우두커니 서 있었다.

　현관문을 나가면 바로 보이는 승강기가 달캉, 하는 소리를 내며 움직이기 시작했다……．

6
장

붉은창

평소에는 잊고 지내다가 문득 떠올리면 서늘한 기운이 등줄기를 훑고 지나가는 기억이라는 게 있다. 그런 기억은 몇십 년이 지나도 늘 변함없는 전율을 가져다준다.

어릴 때 어디선가 자전거를 타고 달려온 흰 셔츠와 까만 바지 차림의 젊은 남자에게 번쩍 안겨서 끌려갈 뻔한 적이 있다. 마구 소리치고 비명을 지르고 몸을 버둥거렸지만 그 힘을 당해 낼 수 없었다.

남자는 어디에 숨겨 놓았는지 가는 줄을 잽싸게 꺼내 자전거 짐칸에 내 허리를 둘둘 묶었다. 귀신처럼 빠른 솜씨였다. 팔다리를 격하게 버둥거리자 내 뺨을 세게 쳤다. 나는 아프고 무서워서 비명을 질렀다.

주위엔 아무도 보이지 않았다. 마침 널찍한 공터 한복판이었고 민가도 없었다. 피처럼 진한 저녁놀이 한여름 세상을 물들이고 있을 뿐이었다.

우연히 자전거를 타고 근처를 지나던 낯익은 주점 점원이 없었다면 어떻게 되었을까. 상상만 해도 끔찍하다.

상황을 바로 파악한 점원은 "뭐 하는 거야, 이 자식!" 하고 소리치며 무서운 얼굴로 달려왔다. 남자는 자전거와 함께 나를 내팽개치고 어디론가 도망쳐 버렸다.

곧 끈이 풀려서 나는 해방됐다. 신고를 받고 경관이 달려왔다. 구경꾼도 모여들었다. 엄마도 소식을 듣고 나막신을 울리며 허겁지겁 뛰어왔다.

미용사였던 엄마는 평소처럼 파마약 냄새 풍기는 하얀 가운을 입고 있었다. 나는 가운에 얼굴을 묻고 벌벌 떨며 흐느껴 울었다. 이것저것 물어도 목소리가 떨리고 목이 메어 제대로 대답할 수 없었다.

바람 한 점 없어 가만히 있어도 땀이 줄줄 흐를 만큼 무더운 여름날 해 질 녘이었다. 잘 익은 토마토의 과즙 같은 놀이 서서히 잉크블루의 연한 어둠으로 변하고 있었다.

지금도 나는 타오르는 듯한 심상치 않은 저녁놀이나 세상이 소리 없이 푸르스름한 밤으로 변하기 직전의 마와 같은 시간대가 무섭다. 정신이 이상한 남자에게 끌려갈 뻔하던 사건이 떠오르기 때문인데, 그게 전부는 아니다.

나의 내부에 봉인되어 있는 또 하나의 기억이 저 납치될 뻔했던 기억과 함께 되살아나는 것이다.

벌써 반세기나 지난 일인데도 여전히 또렷하게 떠올릴 수 있다. 바로 지금 눈앞에 있는 것처럼 기억은 아름답고 싱싱한 색채를 띠고 있다. 나무들의 우듬지에서 정원 풀밭으로 똑똑 떨어지는 빗방울 소리, 여기저기서 그치지 않고 들려오던 벌레 소리. 풀밭에서 피어오르는 후끈한 풋내, 흙내, 비 냄새가 되살아난다.

그리고 여전히 소름 돋을 만큼 무서운 일이지만 솔직히 고백하자면 그 무서움 속에는 아주 희미하기는 해도 달콤하고 차가운 물 같은, 그리운 느낌이 포함되어 있다. 나는 그 그리움에 몸을 맡기고 싶어 견딜 수 없게 된다.

이 세상의 존재가 아닌 것과 이웃하고 지내던 시절. 누구에게도 말 못하고 홀로 두려워하던 나날이었다. 그런데 지금도 그 정체 모를 상냥함과 조용한 기적을 되살릴 때마다 나도 모르게 황홀해지는 것이다……

쇼와 42년…… 도쿄올림픽이 끝나고 3년 뒤였으니 벌써 한참지난 일이다. 옛날이라고 해도 좋다.

남들이 시샘할 만큼 복 받은 결혼을 하고 도쿄 주택가의 오래된 주택에 살던 일곱 살 연상의 언니가 첫 아기를 유산하고 말았다. 불안정한 시기에 그만 집 안 계단에서 미끄러져 굴러 떨어진 탓이었다.

언니의 절망은 심상치 않았다. 매일 눈물로 지새다가 결국 심신의 균형이 심하게 망가져 자리에 드러눕게 되었다.

형부는 언니보다 다섯 살 많았다. 이름은 히로시. 대학을 졸업하고 마루노우치에 있는 대기업에 입사한 회사원이며, 몹시 바쁜 업무를 맡고 있었다. 아침 7시에 집을 나서고 귀가는 일러야 밤 9시가 지나야 했다. 회식이 있는 날이면 늘 막차를 타고 돌아왔다. 게다가 매달 두 번 접대 골프가 있어서 휴일에도 집에서 편히 쉴 적이 없었다.

유일하게 믿고 의지할 히로시가 저 모양이니 어떻게 하나, 하며 거반 역정을 내던 엄마는 "네가 가서 잠시 하루코 언니를 보살펴 주렴" 하고 나에게 부탁했다.

집안일을 하며 하루 세끼 영양가 높은 밥을 먹이고 말 상대가 되어 주면 언니도 건강을 찾을 거라면서.

무엇보다 잘 챙겨 먹지 못하는 게 제일 나빠, 하며 엄마는 노기 어린 얼굴로 말했다. 잘 먹기만 하면 어지간한 병은 다 도망가 버린다는 것이 엄마의 오랜 지론이었다.

여자는 결코 나약하지 않다는 것도 엄마의 입버릇이었다. 무슨 일이 닥쳐도 씩씩하게 살아갈 수 있다, 여자의 인생은 눈물을 찔끔거리고 있을 틈이 없을 만큼 바쁘다는 것이다.

사실 엄마는 당신 말씀대로 사셨다. 가나가와 현 바닷가 마을에서 미용실을 하던 엄마는 동반자…… 나와 언니의 아빠를 일찍 여의고 우리 자매를 혼자 힘으로 키웠다. 잘 먹고 열심히 일하고 쓸데없는 일에 연연하지 않고 잘 자고 자주 호쾌하게 웃는다. 그 씩씩함은 글자 그대로 속이 후련해질 정도였다.

나와 언니는 아빠 없는 가정의 쓸쓸함이나 두려움을 한 번도 느낀 적이 없다. 엄마가 아빠 역할까지 충분히 해 주었기 때문이다.

하지만 엄마는 미용사로 바빴던 탓에 개인적인 시간을 내기가 힘들었다. 하물며 언니 곁에 머물며 삼시 세끼 지어 주는 것은 도저히 힘든 이야기였다. 언니 병간호를 부담 없이 맡길 만한 친척도 없었다.

한편 그 지역에서 고등학교를 졸업한 나는 취직도 진학도 하지 않고 집안일을 돕겠다며 집에 남았다. 종종 미용실에 나가 엄마를 거들었지만, 청소나 수건 세탁 정도가 고작이었다. 특별히 할 줄 아는 일도 없었고 엄마도 시키지 않았다. 그래서 나는 가사를 맡아 엄마 대신 집안일에 전념했다. 그쪽이 마음 편했으니까.

조만간 미용실의 단골이 너를 위해 조건 좋은 신랑감을 소개해 줄 거다, 틀림없이 그렇게 될 거다, 너는 좋은 신붓감이 될 거다, 라고 엄마는 말했다. 막 스무 살을 넘긴 참이라 아직 결혼은 멀게 느껴졌지만 나는 어쩐지 내가 그렇게 살아가리라, 틀림없이 그렇게 되리라 생각하고 있었다.

언니 하루코는 단기대학을 졸업하고, 중간에 다리를 놓아 준 사람도 있어서 도쿄의 대기업에 취직하는 데 성공했다. 그 직장에서 만난 남자에게 호감을 얻어 사랑에 빠지고 도쿄 도내의 대형 호텔에서 수많은 하객을 불러 결혼식과 피로연을 열었다. 그런 언니와 나 사이에는 처음부터 천리나 거리가 있었다.

나는 성격과 체질이 모두 대범한 엄마를 닮고 피부도 가무잡잡했지만, 언니는 죽은 아빠를 닮아 하얗고 고운 피부를 가진 미인이었다. 신경질적인 것이 옥에 티였지만 머리 좋고 학교 성적은 늘 최고였으며 친절한 사람이라 누구에게나 호감을 샀다.

나이가 일곱 살이나 어린 탓인지 나는 언니를 시샘하기는커녕 늘 동경했다. 언니는 영화나 소설 속 주인공처럼 사람들에게 사랑받는 화려한 인생이 어울리는 사람이었다.

그런 언니와 연애결혼을 한 형부는 전형적인 도련님으로 자라 씩씩하고 친절한 데다 미남이었다. 부친은 지바 현에서 커다란 해산물 가공업을 운영하고 모친 쪽 역시 지바 현의 대지주라고 한다. 언니와 형부는 누가 봐도 잘 어울리는 부부였다.

사람에게는 저마다의 행복이 있다고 엄마는 늘 나에게 말해 주었다. 그게 사실이라고 생각한다. 내가 나만의 소소한 행복을 소중히 여기며 열심히 살아 올 수 있었던 것도 엄마 덕분이었다.

그래서 언니처럼 대학 진학을 하거나 화려한 직장에 다니는 인생을 보내지 않아도 괜찮다고 생각했다. 바닷가 마을에서 열심히 겨된장을 젓거나 냄비 바닥을 닦거나 마당에서 오이와 토마토를 키우거나 지쳐서 퇴근한 엄마를 위해 저녁밥을 지으며 사는 게 좋았으니까. 나에게 어울리는 생활을 하며 언젠가 멋진 왕자님이 나를 데리러 올 거라고 꿈꾸는 것이 훨씬 즐거웠고, 애초에 나는 그런 생활을 진심으로 사랑하고 있었다.

처지가 처지인 만큼 도쿄에 사는 언니네 집에 한동안 기거하며 쇠약해진 언니를 돌보는 일에 나는 아무런 위화감도 느끼지 않았다. 동생인 내 입장에서는 당연하지 않은가. 무엇보다도 상처 받고 고통스러워하는 언니를 돕고 기운을 북돋아 주고 싶었다.

전화로 "언니네 가서 도와줄게"라고 고하자 언니는 뛸 듯이 기뻐했다.

"미 짱이 와 준다니 꿈만 같다. 정말이니? 언제 올 수 있어? 아이 좋아라. 이제 안심이야. 솔직히 외롭고 불안해서 미칠 것 같아."

내 이름은 미에코. 언니는 어릴 때부터 나를 미 짱, 미 짱, 하고 불렀다.

"먹는 걸 잘 먹어야 한다고 엄마가 늘 걱정이셔" 하고 나는 말했다. "잘 먹질 못하니까 몸도 마음도 쇠약해진 거래. 무리해서라도 조금씩 먹어야 해. 사람은 먹는 게 시원찮으면 마음까지 약해진대. 내가 가서 매일 맛난 거 많이 만들어 줄 테니까 열심히 먹어."

"오, 물론이지. 나, 노력할게. 얼른 와, 미 짱. 네 형부는 매일 늦게 퇴근하고 일요일도 집에서 편하게 쉬질 못해. 늘 나 혼자야. 외로워. 이제 못 견딜 지경이야."

"뭐가 그렇게 외로워. 들판에 언니네 집 한 채밖에 없는 것도 아니고, 언니도 참 이상하네" 하고 나는 놀렸다. "거긴 오래된 주택가잖아. 사람들이 많이 살고 있을 텐데 뭐가 그렇게 외롭다고."

"미 짱은 잘 모르겠지만 사람이 많은 동네여도 밤이 되면 쥐 죽은 듯 조용해. 사실 주택가란 곳이 다 그래. 근처 숲에서 부엉이도 운다니까."

"부엉이가? 진짜? 도쿄에 부엉이가 있어?"

"있어. 이 근방에 공터나 잡목림이 많거든. 얼마 전에 땅거미 질 때였는데, 금방 밤이 될 시간에 무슨 남방제비나비가 저렇게 많이 날아다니나 싶어서 자세히 보니 세상에, 아주 작은 박쥐들이지 뭐니. 그것도 엄청난 떼였어."

"오오, 세상에. 나, 박쥐라면 질색인데."

"나도. 어딘가에 둥지가 있나 봐. 너무 싫더라. 그이는 주변에 아직 자연이 많이 남아 있어서 좋다는 둥 올림픽 때문에 도쿄 시내도 너무나 변해 버려서 이런 동네는 귀해졌다는 둥 보물이라는 둥 말하지만…… 나는 생각이 달라. 전에 살던 집처럼 주위에 늘 사람 목소리가 들리고 저녁이 되면 두부 장수 나팔 소리도 들리고 어두워질 때까지 아이들이 밖에서 뛰어노는 그런 시끌시끌한 동네가 더 좋아. 아무튼 미 짱, 빨리 와 줘. 외로워 죽겠어."

당시 언니네가 살던 집은 형부 회사에서 내준 오래된 집이었다.

그때까지는 시내 상가 근처의 작은 사택에서 살았지만 언니가 임신하자 형부가 더 넓은 집으로 옮기고 싶다고 회사에 신청했다. 마침 야마노테 선 안에 있는 사택들 중에 빈집이 없어서 급하게 그 집을 할당받았다.

기업의 사택으로 이용되어 온 집이 아니라 본래 일반인에게 임대하던 집 같다. 하지만 가까운 전차 역까지 어른 걸음으로 천천히 걸어도 12, 13분이면 충분했고, 전형적인 오래된 주택가여서 주위에는 대학교수나 월급 의사, 대기업 임원 등 신원이 확실한 사람들이 살고 있었다.

대나무 격자 펜스가 있는 정원과 물을 채워 두는 돌확도 있지만 순수 전통식은 아니고 서양식 방도 있는, 서양과 일본의 양식을 절충한 2층 주택이었다. 방이 네 개나 있는 등 출산을 앞둔 부부에게는 딱 좋은 크기였다. 집을 보러 갔다가 첫눈에 마음에 들어 언니 부부는 바로 이사했다.

그러나 언니는 바로 그 집 2층에서 내려오는 계단을 굴러 유산하고 말았다. 그 슬픔을 두고두고 떨쳐내지 못하던 언니는 이 집으로 이사하지만 않았으면 지금쯤 귀여운 아기를 돌보며 바쁘게 움직이고 있었을 텐데, 하고 틈만 나면 한탄했다.

듣고 보니 맞는 말이라 나도 차마 아무 말 못했지만 엄마는 타고난 명랑함으로 언니를 꾸짖었다.

"무슨 한심한 소리니. 좋아서 한 일을 두고 이제 와서 그런 소리 하는 거 아니다. 이사할까 말까 망설이다 어쩔 수 없이 택한 집도 아니고 마음에 쏙 들어서 이사했으면 그걸로 됐다고 생각해야지! 있는 그대로 받아들이지 못하면 한 발자국도 앞으로 나가지 못해! 정신 똑바로 차려!"

엄마가 일갈하면 언니도 고개를 끄덕이지 않을 수 없다. 그 뒤로부터 이사를 후회하는 말은 하지 않았지만, 아무래도 매일 혼자 끙끙거리며 속으로 삭이다 보니 건강도 나빠진 듯하다.

실제로 내가 양손 가득 짐을 싸들고 언니네 집에 도착하자 언니는 갈라진 목소리로 말했다. "이 집 말이야, 이상하게 습하거든. 볕이 안 드는 것도 아닌데 왜 이렇게 바닥이 늘 끈적거리나 몰라. 아무리 걸레질을 해도 바닥에서 습기가 올라오는 느낌이라 기분이 찜찜해."

"장마철인걸. 어쩔 수 없잖아." 내가 밝은 목소리로 말했다. "요즘처럼 매일 비가 내리면 어느 집이라도 습기가 차게 마련이야. 우리 집도 심해. 바닷바람 부는 곳이라 엄청 끈적거려. 어디나 다 그래."

"특히 계단이 심해" 하고 언니는 내 이야기를 듣지 못한 것처럼 말하고 미간을 찡그렸다. 반년 만에 다시 만난 언니는 그 사이에 더 여위고 수척해졌다.

"계단?"

"바닥이 끈적끈적하다기보다 젖어 있는 느낌이야. 그래서 내가 미끄러져 그렇게 된 거고."

"젖어 있으면 오히려 발바닥에 착 들러붙어 미끄러지기가 어렵지 않나?"

"아니, 너무 젖어 있으면 미끄러워. 내가 미끄러져 구를 때도 정말 미끈거린다는 느낌을 받았거든. 물이 얇게 발라져 있는 나무판에서 미끄러지는 것 같았어."

또 같은 얘기가 시작되나 하고 경계했지만 나는 말없이 들어
주는 역할에 충실하기로 했다. 끈기 있게 언니의 말상대가 되어
서 격려하고 기운을 북돋아 주고 언니에게 다양한 음식을 먹여서
건강하게 만드는 것이 나의 역할이었다.

"그 뒤로 2년이나 지났지만," 언니는 힘없이 말했다. "이 계절
에는 늘 그랬어. 계단이 변함없이 젖어 있어서 미끄러지기 쉽다
니까. 좀 더 일찍 알아채고 손을 썼어야 하는데."

"형부가 미끄럼 방지 테이프를 붙여 주었잖아?"

"사고를 겪고 난 뒤였어. 그래 봐야 소 잃고 외양간 고치기지."

언니는 유산을 '사고'라고 말했다. 2년이나 지났는데 뭐 하나 달
라지지 않았다.

"역시 이 집은 풍수가 안 좋아. 빨리 이사하고 싶다고 그이에게
말은 해 두었는데 그이가 항상 바쁘니까. 너무 강요할 수만 없다
는 건 알아. 게다가 나와 달리 그이는 이 집을 굉장히 마음에 들
어 해. 이렇게 마음이 편안해지는 집은 쉽게 찾을 수 없을 거라고
늘 말하거든."

"나도 형부랑 같은 의견이야. 이 집, 아주 마음에 들어. 이번에
언니네 집에서 한동안 지내야겠다고 생각하니까 가슴이 설렐 정
도였어. 크기도 알맞고 예쁜 정원이 딸려 있어서 나무와 꽃이 넘
쳐나고, 얼마나 근사해. 근처 이웃들이 모두 갑부들이라는 점도
좋잖아."

"갑부가 어딨다고. 어느 집 얘기하는 거야? 미 짱, 세상을 전혀 모른다니까."

"어머, 그래? 하지만 이웃들은 일단 부자 아냐?"

나는 언니 집 마당 건너편에 있는 이웃집을 가리켰다. 언니 부부 집과 꼭 닮은. 서양과 일본식을 절충한 정원 딸린 2층집이다. 다만 그 집은 임대가 아니라 주인이 살았다. 회사 사장이라는데, 남자는 그 집에 전부터 첩을 들여앉혀 놓고 있었다.

언니 집에 갔을 때 나도 몇 번 첩이라는 여자를 길에서 본 적이 있다. 일본 무용이 취미라는데 잠깐 장보러 나갈 때도 늘 기모노 차림이었다.

언니보다 조금 연상으로 서른은 넘어 보이는 작은 체구에 빼빼 마른 여자였다. 희미한 살쩍을 드러내며 틀어올린 머리가 잘 어울렸다. 아리따운 풍모를 보여주는 상당한 미인이었지만 어딘가 쓸쓸하고 음울해 보였다. 지나치며 인사를 나눌 때도 시선은 늘 아래로 깔았다.

"저 집은 이제 빈집이 되어 버렸어." 언니는 그때 언짢은 것이라도 보는 듯이 나를 보고 가만히 말했다.

"빈집? 왜? 그 사람, 이사갔어?"

"내가 말하지 않았나? 죽었어. 무슨 병인지는 모르지만 밤늦게 구급차에 실려가더니 이튿날 병원에서 숨을 거두었다는 거야."

"언제? 몰랐어. 언니, 그런 얘기는 전혀……."

"말해 준 줄 알았는데. 말하지 않았나? 죽은 건 올해 2월이었

나. 추운 날이었어. 그런 처지에 있는 사람이었잖아. 해서 통야도 장례식도 없이 끝냈어. 유골은 누가 거두어 갔을까, 하고 히로시 씨와 얘기했었거든. 얼마 후 남자가 서너 명 와서 트럭으로 짐을 실어 가더니 그걸로 끝이야. 드나들던 남자도 통 발길을 끊었고. 마당은 거칠어질 대로 거칠어져서……."

"그랬구나."

이웃집이 빈집이 되어 버렸다니 아마 언니도 마음이 좋지 않았 겠구나, 하고 문득 생각했다. 밤이나 낮이나 혼자 지내는 일이 많 다면 이웃집 상황도 의외로 신경이 쓰이게 마련이다. 집은 있는 데 사는 사람이 없으니 불안했으리라.

언니네 작은 정원 너머에서 희미하게 들려오던 샤미센 소리, 흘러나와 정원을 노랗게 비추던 불빛 등을 떠올리며 나는 병으로 급사했다는 여자의 짧은 생애를 생각했다.

무슨 사정이 있어 첩이란 처지를 받아들였는지는 알 길이 없지 만 얼핏 보기에 품위 있어 보이는 여자였다. 여자를 첩으로 두었 던 남자에 대해서는 아무것도 모른다.

밤에 주위가 어두워진 뒤 운전기사가 모는 검은 승용차를 타고 왔다가 심야 시간을 보내고 돌아가는 모습을 여러 번 목격했다고 언니는 말했지만 나는 본 적이 없었다. 주택가에 있는 고급 단독 주택을 여자에게 내주고 드나들었다면 남자는 상당한 재력의 소 유자였으리라. 휴일에 찾아올 때도 있었다고 하니 어쩌면 본처가 허용한 관계인지도 모른다.

거뭇한 문기둥에 '이치카와'라는 이름이 붓글씨로 적힌 문패가 걸려 있었지만 본명인지 모르겠다. 어쨌거나 그 아름다운 여자가 죽었다고 생각하니 나는 쓸쓸한 건지 안쓰러운 건지 알 수 없는 묘한 심정에 사로잡혔다.

하지만 여자에 대하여 언니와 이야기한 것은 그때뿐이었다. 언니가 명확하게 말하지는 않았지만 망자가 나와 비어 있는 이웃집을 입에 담고 싶어 하지 않는 듯했다.

이웃집과 언니네 집 정원은 울창하게 자란 나무 몇 그루와 거무죽죽한 대나무 담으로 구획되었지만 지척에서 마주하고 있다. 오랫동안 홀로 조용히 살아 온 여자가 이렇게 가까운 곳에서 죽었다는 것이 그다지 기분 좋은 이야기는 아니겠지 싶어서 나도 언니에게 관련한 이야기를 하지 않으려 신경 썼다.

빨래를 널거나 2층 창가에 서면 문득 정원 너머로 이웃집이 시야에 들어오는 일이 잦고, 정원에서 잡초를 뽑다 보면 예전에 들었던 샤미센 소리가 환청처럼 들려 올 때도 있었다. 비오는 밤이면 아무도 없는 이웃집의 닫힌 덧문 틈새로 푸르스름한 빛이 새어나오는 것처럼 느껴질 때도 있다.

하지만 전부 착각이라고 생각했다. 엄마를 닮아 나 역시 합리주의자였던 것이다. 비과학적인 이야기에 아이다운 호기심이 없는 것은 아니었지만, 가령 묘지에서 날아다니는 귀신을 목격했다며 호들갑을 떠는 급우의 이야기에 겁먹은 얼굴로 바들바들 떨며 고개를 끄덕이는 한편으로 그건 인 성분이 일으키는 현상일 뿐이라며 무시하는 구석도 있었다고 할까.

무서운 것은 유령이 아니라 인간이다, 유령은 악한 짓을 하지 않지만 인간은 아무렇지도 않게 사람을 죽이니까, 라고 엄마는 늘 말했고 나도 그 말이 맞다고 여겼다. 어릴 때 낯선 남자에게 납치당할 뻔한 경험이 있어서 더욱 그랬다.

그러므로 죽었다는 이웃집 여자 이야기도 그다지 무섭지 않았다. 때는 비가 잦아 어디나 습한 계절, 흠뻑 젖은 나무들 너머에 자리 잡은 떳떳치 못한 처지에 있는 여자가 살던 낡은 2층 목조주택은 괴담의 무대로 삼기에는 안성맞춤이었지만 나에게는 어디까지나 그냥 빈집일 뿐이고 거기 살던 사람이 죽었다고 해서 겁을 먹어야 할 이유는 전혀 없었다.

하지만 언니 부부와 동거를 시작하고 한 달쯤 지나서부터 내 생각은 조금씩 바뀌었다.

내가 만든 음식이 입에 맞았는지, 아니면 친동생이 말 상대가 되자 마음이 안정되었는지 언니는 식욕을 보이며 잘 먹게 되고 심신의 건강을 회복해 나갔다. 그래도 무리는 금물이라 주방에서 의욕적으로 일하다가 이튿날 도로 아미타불이 되는 일이 종종 있었고, 텔레비전에서 아기가 나오는 드라마를 보거나 연예인이 처자식 딸린 남자의 아기를 임신했다는 제목의 잡지 광고를 보면 이내 우울해져 방심할 수 없었다.

형부는 더욱 바빠지고 귀가 시간은 변함없이 늦었다. 그렇지만 혈육이 올라와 언니를 돌봐준다는 사실이 그의 기분까지 편하게

해 준 모양이다. 고맙다면서 퇴근길에 비싼 케이크나 초콜릿을
사다 주기도 해서 나는 매우 흡족했다.

그러던 어느 날 밤, 조금 열이 나고 감기 기운이 있다는 언니를
먼저 재우고 형부의 귀가를 기다리고 있었다.

7월인데도 습하고 쌀쌀한 것이 장마철 특유의 으슬으슬한 밤이
었다. 아침부터 내리는 비도 전혀 그칠 기미가 없고 가끔 처마 끝
을 때리는 빗줄기도 굵어졌다.

나는 석간을 샅샅이 훑어보고 묵은 여성지를 들춰 보고 멍하니
텔레비전을 보는 등 딱히 할일도 없이 시간을 죽이고 있었다. 이
윽고 자정이 지날 무렵이었다. 바깥에서 차가 멈추는 소리가 들
렸다.

형부는 종종 집에서 가까운 전차역의 한 정거장 전 역에서 내
려 구내택시전차역 내부까지 들어와서 손님을 태우는 택시. 좁은 역 구내에 많은 택시가 들
어오면 혼잡을 피할 수 없으므로 일정 금액을 받고 일부 택시에게만 그 권리를 주어 영업하게 하
고 있다를 타고 돌아올 때가 있다.

근방에서 구내택시를 탈 수 있는 곳은 전 역뿐이었기 때문이
다. 형부가 택시를 타고 오는 밤이면 집 앞에서 차 문이 탕, 하고
닫히는 소리가 주위에 울려 퍼지기 때문에 금방 알 수 있다.

택시 타고 오셨구나, 하고 생각하며 나는 얼른 자리를 정돈하
고 현관으로 나갔다. 현관은 목제 여닫이문이었고 옆에 부저가
설치되어 있었다. 부저 소리가 울리면 모처럼 잠든 언니가 깨어
나게 된다. 언니는 한밤중에 부저가 울리면 마치 부고 전보를 받

는 듯한 기분이 들어서 싫다고 평소 말하곤 했다.

나는 샌들을 꿰신고 현관문을 살짝 열고 밖으로 나갔다. 하지만 형부 모습은 보이지 않았다. 타고 왔을 택시도 보이지 않았다.

착각했나 싶어 도로로 나가 좌우를 살펴보았다. 언니가 말한 대로 주택가라지만 도로는 한적하고 쓸쓸하여 사람은 물론이고 고양이 한 마리 보이지 않았다. 멀어져 가는 택시의 미등도 볼 수 없었다.

언니네 옆 빈집에는 물론 사람이 살지 않고, 빈집 옆은 터만 닦아 놓은 채 방치하여 잡초만 무성한 공터였다. 반대쪽 옆에는 듬직한 대문을 가진 커다란 주택이 있었지만, 문 등만 희미하게 켜져 있을 뿐 주인은 이미 잠을 자는지 아무 소리도 들리지 않았다.

도로를 끼고 건너편에는 방치된 잡목림이 자리 잡고 있었다. 잡목림 양쪽에는 오래된 주택 몇 채가 나란히 있지만 잡목림의 울창한 나무들이 그 집들의 조명과 외등을 한결 쓸쓸하게 만들고 있었고, 잡목림에서는 부엉이인지 무슨 새인지, 혹은 새가 아니라 근방에 서식하는 야생동물인지, 아무튼 뭔가 우는 소리가 묘하게 낮은 소리로 끊임없이 들려오고 있었다.

빗줄기는 가늘어졌지만 살갗에 들러붙는 듯한 안개비여서 가만히 서 있자 한여름인데도 몸속까지 얼어 버릴 것 같았다.

차가 멈추는 소리를 들었다고 생각했는데. 아닌가. 다른 소리였을지도 모른다. 형부가 택시를 타고 퇴근하리라 짐작한 탓에 착각한 모양이다. 고개를 갸웃하며 다시 집으로 들어가려고 몸을 돌릴 때였다.

빈집이 분명한 이웃집 문에서 검은 사람 그림자가 가만히 나왔다. 사람이라는 것밖에 알 수 없었고 얼굴도 옷차림도 전혀 보이지 않았다. 마치 검은 덩어리처럼 어둠에 녹아들며 가만히 꿈틀거렸다.

너무 놀라 목에서 비명이 터져 나올 뻔했다. 기겁하고 말았다.

양손으로 입을 막고 있는데 도로 가로등 불빛 아래에서 검은 덩어리가 서서히 윤곽을 드러냈다. 까맣게 보였지만 그것은 하얀 와이셔츠 차림의 형부였다.

형부는 몹시 당혹스러워하는 표정을 지으며 내 쪽을 향해 지칠 대로 지친 듯 비척거리는 걸음으로 걸어왔다. 손에는 여름 양복을 벗어 들고 출근할 때 늘 들고 나가는 얄팍한 가방을 들고 있었다.

"형부." 나는 소리 내어 불렀다. 목소리가 떨렸다. "거기서 뭐 해요?"

"뭐 하긴." 형부가 말했다. "……모르겠어."

횡설수설이라기보다는 의식이 절반쯤 나간 듯한 모습이었다.

"옆집에 있었어요? 거기서 뭐 했어요?"

"옆집?"

"형부, 지금까지 옆집에 있었던 거 아녜요? 옆집에서 나왔잖아요."

"아니, 나는……." 형부는 창백한 얼굴로 나를 쳐다보았다.

"……처제는 왜 여기에."

"택시 소리가 나서요. 형부가 돌아온 줄 알고 문 열어 드리려고……."

"나는 택시 같은 거," 하고 형부는 말했다. 낮게 꺼져 가는 듯한 목소리였다. "타지 않았는데."

"그럼 역에서 걸어왔어요? 걸어와서 옆집으로 들어갔어요? 혹시 많이 취했어요?"

"아니, 전혀." 형부는 말했지만 당장이라도 토할 것 같은 표정으로 가슴을 쓸어내리고는 지겹다는 듯 나를 힐끔 쳐다보고 등을 구부리며 현관으로 들어갔다.

그날 밤 형부는 나에게 한 마디도 건네지 않았다. 늦게 귀가할 때면 꼭 마시는 다시마차도 마시지 않고 목욕도 생략한 채 침실로 들어갔다.

이튿날 아침, 말쑥한 표정으로 2층에서 내려온 형부는 간밤의 일을 전혀 기억하지 못하는 듯 행동했다. 나도 아무것도 묻지 않았다. 언니가 있었기 때문이기도 했지만, 언니가 없더라도 형부에게 뭘 물어볼 생각은 없었다.

형부는 고주망태가 될 정도로 마시고 온 모습은 아니었지만 업무 때문에 몹시 지친 상태로 역에서부터 걸어왔다가 몽유병자처럼 집을 착각해 옆집으로 들어가 버렸을 것이다, 라고 나는 결론지었다. 피로가 쌓이면 그런 일이 일어나지 말란 법도 없다.

생각 없이 이웃집으로 들어갔다가 실수를 깨닫고 크게 당황해서 밖으로 나오는 모습이 내 눈에 띄었던 것이다. 본의 아니게 저지른 실수를 새삼 지적받는다면 몹시 난처할 게 틀림없을 테니 일단은 잠자코 있는 게 상책이라고 나는 생각했다.

그나마 언니가 형부의 행동을 전혀 몰라서 다행이었다. 언니는 간밤에 감기약을 먹고 누웠는데, 약 기운 덕분에 푹 잤던 모양이다.

나도 그날 밤 일은 차차 잊게 되었다. 장마는 별다른 일 없이 물러가고 본격적인 여름이 도래했다.

땡볕이 쨍쨍 내리쬐는 계절이 되자 언니네 집은 한결 안락해졌다. 마을 축제 때 사 온 풍경을 처마 밑에 매달아 놓고 나날이 안색이 좋아지는 언니와 툇마루에 나란히 앉아 아이스크림이나 수박을 먹으며 요즘 유행하는 패션이나 연예인 스캔들, 해외 뮤지션이나 신작 영화 등 잡다한 주제로 이야기꽃을 피우는 것이 즐거웠다.

볕이 뜨거운 여름날 오후, 마당의 풀꽃 위를 어지러이 날아다니는 꿀벌 소리가 졸음을 부르고 푸른 나무 밑을 지나가는 부드러운 바람은 파릇한 풀들의 향기며 메마른 흙냄새를 가득 품고 있었다.

언니가 '이젠 괜찮아'라고 말할 때까지 지내기로 정해 두었지만, 적어도 여름 동안은 언니네 집에서 머물고 싶었다. 언니도 형부의 퇴근만 기다리는 나날에서 해방되어 몹시 기뻐하는 듯했다. 미 짱, 돌아가지 마, 계속 여기서 살아, 하고 응석부리는 투로 애원하는 소리가 자랑스럽게 들리고, 할 수만 있다면 가을이 깊어질 때까지 이곳에 있고 싶다, 아니, 아예 해가 바뀔 때까지, 하고 생각할 만큼 나는 언니네 집에 완전히 자리를 잡았다.

그러므로 언니가 문득 떠올랐다는 듯 형부를 의심하는 이야기를 꺼냈을 때는 크게 놀랐다. 언니의 평소 모습에서는 형부에게 불신을 품고 있는 듯한 모습을 전혀 볼 수 없었기 때문이다.

"네 형부 말이야, 어쩌면 바람을 피우고 있는지도 모르겠어."

활짝 갠 8월 오후, 툇마루에 나란히 앉아 보리차를 마실 때 언니가 불쑥 말했다. 깜짝 놀라 언니의 옆얼굴을 돌아보았지만, 언니는 평소와 다름없었고, 불안에 사로잡히거나 감정적으로 흥분한 것처럼 보이지는 않았다. 안색도 좋았다. 볼살이 도톰하게 올라 있기까지 했다.

"갑자기 무슨 엉뚱한 소리야. 왜 그런 소릴 해?"

"구체적인 증거가 있는 건 아냐. 그냥 내 직감이 그래. 왠지 자꾸 그런 느낌이 들어."

"하지만 대체 어떻게 바람을 피운다는 거야? 형부는 매일 바쁘게 일하는데. 그럴 틈도 없잖아?"

"바쁘다고 남자가 바람피우지 않는다는 보장은 없어."

"그거야 그럴지 모르지만 지나친 생각이야. 형부는 그런 짓 할 사람도 아니고, 절대 불가능하다고 봐. 언니를 세상에서 제일 사랑하는 사람인걸."

"하지만 누군가 여자가 있다는 느낌이 들어. 여자의 그림자가 느껴져."

"누군가라니, 누구?"

"모르지. 절대로 들키지 않도록 철저하게 숨기고 있는 거 아닐까? 꼬리를 드러내지 않는다고나 할까. 나를 배반한 것을 절대로 티내지 않기로 작정했다고 할까."

"……상대라면, 호스티스라든가?"

"글쎄, 어떨까. 모르겠어."

"늘 바쁘고 퇴근도 늦고 같이 있는 시간도 거의 없으니까 언니가 자꾸 그런 상상을 하는 거겠지. 안 돼, 안 돼. 아침부터 밤까지 언니 생각밖에 없고 언니를 위해 일하는 사람인데 의심하는 건 실례야. 아마 엄마도 나처럼 말할걸."

그래, 하지만, 하고 언니는 말했다. 뭔가 매우 중요한 말을 하려다 만 것 같았다.

나뭇가지를 흔들며 한 줄기 바람이 지나갔다. 처마 끝에 매달린 싸구려 플라스틱 풍경이 치링, 하며 뜻밖에 커다란 소리를 냈다.

다음 말을 기다렸지만 언니는 입을 다물었다. 이야기는 그걸로 끝났다.

그 직후였다. 왜 그랬는지는 모른다. 설명할 수도 없다.

어느 순간 아무런 맥락도 없이 이웃집에서 살다가 죽었다는 여자에 관한 생각이 내 머릿속을 온통 물들였다. 바람을 타고 들려오는 샤미센 소리를 들은 것 같았다. 길에서 스쳐 지나갈 때 목례를 하던 쓸쓸한 그늘이 느껴지는 아름다운 얼굴이 떠올랐다.

형부의 상대라는 여자가 혹시 그녀일까.

퍼뜩 떠오른 생각을 어리석은 망상으로 치부하면서도 버리지 못하고 진지하게 거듭하는 자신이 두렵기만 했다.

여름 햇살이 넘치는 오후여서 하늘은 파랗고 모든 것이 반짝이고 있었다. 무성한 나뭇잎 너머로 이웃집이 보였지만 사람이 살지 않아서 텅 빈 공간일 뿐 무서운 일이 벌어질 기미가 보이거나 두려워해야 할 기척이 느껴지진 않았다.

죽은 여자와 외도하는 건 애초에 가능한 일도 아니다. 머리로는 알면서도 나는 그날 차가운 안개비가 내리던 밤, 퇴근한 형부가 이웃집에서 나오던 모습을 떠올렸다. 택시가 멈추는 소리를 들었다고 생각했지만 착각이었고 형부는 이미 오래전부터 그 집에 있었는지도 모른다.

그러나 무엇을 위해? 애초에 잠겨 있어서 열 수도 없는 빈집에 어떻게 들어간단 말인가. 왜 그런 짓을 하겠나. 이웃집에 그 여자가 살 때부터 형부와 은밀한 관계를 맺었을까. 그녀 집에 드나드는 남자의 눈을 피해서? 막 유산한 아내를 속이고? 형부가 회사에 간다고 거짓말하고 이웃집에 드나들었다? ……말도 안 돼!

정서가 불안한 언니를 상대하다 보니 내 머리도 이상해졌나 보다. 어리석은 망상 따위 당장 그만두라고 스스로를 강하게 꾸짖었다.

언니 앞에서 죽은 여자 이야기를 할 수도 없었다. 비어 있는 이웃집 이야기도 금물이었다. 그러므로 나는 어떻게든 언니의 의심을 대충 넘기려고 언짢은 망상을 뿌리쳤다.

언니는 하품을 참는 표정으로 나를 힐끔 보더니. 그리고 의아해 하는 투로 "미 짱, 이상하네?" 하고 말했다. "왜 그래?"

"아니, 아무것도." 나는 당황해서 미소를 지었다.

그로부터 1주일쯤 지났을 때였다. 오후 3시 무렵이었나, 갑자기 먹구름이 가득 차더니 소나기가 쏟아졌다. 거센 천둥비에 허겁지겁 빨랫줄에서 거둔 옷들을 실내에 다시 널고 있는데 소나기는 시작될 때처럼 뚝 그치더니 곧 아름다운 석양이 펼쳐졌다.

소나기 덕분에 기온이 제법 떨어져 주위에 흙냄새며 수액 냄새가 감돌았다. 어느새 시작된 노을이 하늘을 붉게 물들인다 싶더니 곧 화염이 타오르는 듯한 색채로 변해 갔다. 그야말로 무서울 만큼 빨간 노을이었다.

언니와 나는 덜 마른 옷가지를 나눠 들고 다시 마당으로 나가 빨랫줄에 널기 시작했다. 바람은 거의 없지만 실내에 너는 것보다 빨리 마를 테니까.

나무들 우듬지에서 소나기의 흔적인 빗방울이 똑똑 작은 소리를 내며 땅바닥으로 떨어졌다. 바깥 도로에서는 아무 기척도 없고 먼 데를 달리는 차량이나 오토바이 소리도 들리지 않았다. 세상은 그저 타오르는 저녁놀에 물들고 있을 뿐이었다.

자기 몫의 옷가지를 모두 넌 언니는 이마에 손차양을 하고 하늘을 올려다보며 "어쩐지" 하고 말했다. "기분이 오싹할 정도로 빨간 석양이네."

"그러게." 나는 대답했다.

언니네 집 지붕과 벽과 창문도, 정원 구석구석도 빨갛게 물들고 있었다. 언니의 얼굴도 빨개 보였다. 세상이 온통 빨간 빛에 싸여 있는 듯했다.

언니는 나보다 먼저 빨래 바구니를 안아 들고 집 안으로 돌아갔다. 나는 남은 옷가지를 널고 잠시 멍하니 하늘을 올려다보았다.

불길함을 풍기는 빨간색이 주위를 지배하고 있었다. 소리가 사라지고 기척이 사그라들어 전부 빨간색 속으로 빨려 들어가 버린 것 같았다.

우연이었을까. 아니면 당연한 수순이었을까.

그때 나는 보았다. 비어 있는 이웃집 2층 창문을. 그곳에만 덧문이 설치되지 않고 찢어진 장지가 절반만 열려 있는 네모난 창이었다.

그 창에 하늘의 빨간색이 비춰지고 있었다. 주위 나무들의 우듬지나 무성한 푸른 잎이 빨간색 속에서 그림자처럼 살짝 흔들리고 있다고 느낀 순간, 그곳에서 사람 그림자가 움직였다.

창가에서 밖을 내다보는 여자 모습이었다. 기모노를 입었다. 하늘의 빨간색에 물들어 옷 색깔이 분명치는 않았지만 비백 무늬 기모노였다.

나는 매혹된 것처럼 여자를 쳐다보았다. 얼굴이 또렷이 보였다. 첩이었다는 죽은 여자다.

쓸쓸한 표정을 하고 있다. 뭔가를 기다리는 표정. 기다리고 기다리다 마음이 무너져 거반 체념했으면서도 여전히 기다리는 듯한.

나는 언니네 정원에서 올려다보고 있었지만 죽은 여자는 내 쪽을 보고 있지 않았다. 빨간 색으로 물든 창문 너머에서 시간이 멎은 것처럼 가만히 서서 딱히 어디라고도 할 수 없는 허공에 시선을 주고 있을 뿐이었다.

이형의 것인 줄 알면서도 나는 그 아름다움에 매혹되었다. 이에서 딱딱 소리가 날 만큼 무서웠지만 그것은 비명을 내지르게 만드는 종류의 공포는 아니었다. 이승과 저승이 한순간 통할 때의 아무 말도 할 수 없는 공포라고 하면 좋을까. 도망치고 싶어지는 공포가 아니라 그 자리에 못 박힌 듯한…… 무섭지만 시선이 빨려 버리는 듯한 그런 공포였다.

죽은 여자는 빨간 하늘이 비치는 창문 너머에서 그녀가 생전에 갖고 있던 매력을 잃지 않은 채 멍하니 서 있었다. 창문에 비치는 나뭇잎 그림자를 잘못 본 것도 아니고 창유리의 얼룩이 착각을 불러 온 것도 아니다. 나뭇잎의 그림자나 우연의 산물은 아니었다. 비백 무늬 기모노를 입은 여자, 가끔 찾아오는 남자를 늘 외롭게 기다리던, 일본 무용에 능한 아름답고 허무한 분위기를 풍기던 그 사람이었다.

시간으로는 불과 몇 분…… 3, 4분 정도였을까. 집 안에서 언니가 뭔가를 떨어뜨리는 소리가 들리는 순간 창문 너머의 여자가 사라졌다. 그 뒤에는 빨간색으로 물든 나머지 당장이라도 활활 타오를 것만 같은 네모난 창문만 남았다.

"미 짱, 잠깐 와 봐!"

언니 목소리에 나는 정신을 가다듬었다. 가동을 멈춘 듯했던 심장이 문득 쿵쿵 격한 박동을 치기 시작했다

"아이 참, 미 짱. 세제통을 떨어뜨렸어! 큰일이네. 여기 치우는 거 좀 도와줘!"

얼른 집 안으로 들어가 언니를 도와 세면소 바닥에 쏟아진 하얀 세탁용 세제를 쓸어 모아 통에 담았다. 여기에 걸린 시간이 5분 가량이었으리라.

청소를 마치고 손을 씻은 내가 다시 조심스레 정원으로 나와 보니 그토록 무섭게 물들던 빨간 저녁놀은 거의 가신 상태였다. 대신 진한 군청색이 하늘을 지배하기 시작하고, 그 아래로 정원의 젖은 풀 위를 어지러이 날아다니는 잠자리 몇 마리가 보였다.

비어 있는 이웃집 2층 창문에는 이제 아무것도 비치지 않았다. 찢어진 장지도 원래대로 거기 있었다.

아무것도 비치지 않는 창문이 무섭게 느껴졌다. 이것을 누구한 테도 말하지 않고 지낼 수 있을까. 언니에게는 물론이고 형부와 엄마에게도, 아무에게도 고해서는 안 되었다. 내 속에만 묻어 두어야 했다.

빈집 2층 창가에 서서 영원히 찾아오지 않는 누군가를 계속 기

다리는 죽은 첩의 심정이 나에게 전해졌던 거라고 나는 짐작했다. 왜 그런 일이 일어났는지 이유는 모른다. 알 길이 없다.

하지만 죽은 첩은 분명히 나에게만 제 모습을 드러냈다. 거기에는 뭔가 헤아릴 수 없는 목적이 있다고밖에 생각할 수 없었다. 뭔가를 호소하고 싶었던 걸까. 아니면 제 모습을 생전의 모습 그대로 보여주고 싶었을까. 육신을 잃은 채 고독에 시달리며 망연히 빈집을 헤매고 있기가 쓸쓸했던가? 이해받고 싶었던 걸까.

그해 가을 언니가 완전히 회복되어서 나는 고향으로 돌아왔다. 형부는 변함없이 바빠 보였지만 접대 골프가 없어졌다며 휴일에는 언니와 단둘이 느긋하게 쉴 수 있게 되었다.

언니가 다행히 임신했다는 소식을 전한 것은 해가 바뀌고 1월도 중순이 되었을 때였다. 임신 3개월 차에 접어든 참이며, 이번에는 유산하지 않도록 세심한 주의를 기울이면서도 기쁨을 감추지 못하는 모습이었다.

통화에서 십대 소녀처럼 신나게 수다를 떨던 언니가 "그런데" 하고 화제를 바꾸었다. "이런 처지에 엉뚱한 이야기처럼 들리겠지만, 3월에 오타 구에 있는 좋은 사택 중에 빈집이 난대. 그이도 그 사택으로 이사해서 출산하면 어떨까 하더라고. 그래서 이번에 이사할 때도 미 짱이 와서 도와줬으면 하는데, 잘 부탁해."

잘됐네, 하고 나는 말했다. 언니는 행복해 보였다. 행복에 겨운 목소리로 말하는 언니를 오래간만에 보니 눈물이 날 것 같았다.

3월이 지나 4월이 되어 언니가 안정기에 접어들자 이사를 하게 되었다. 나는 다시 며칠 예정으로 언니네 집에 가서 언니가 지치지 않도록 신경을 썼다.

죽은 여자가 살던 이웃집은 그 모습 그대로였다. 누가 찾아오는 기미도 없이 방치되어 정원은 황폐해졌고 '이치카와'라는 문패도 비뚤게 걸린 채 벌레가 속을 갉아먹고 있었다.

트럭에 이삿짐을 실은 뒤 마지막으로 문을 잠그고 불러 두었던 택시에 세 사람이 타려고 할 때였다. 언니가 먼저 뒷좌석에 타고 나는 조수석에 앉았다. 언니는 핸드백을 열고 잊은 물건은 없는지 확인하며 택시 기사에게 뭐라고 말하고 있었다.

딱히 보려고 했던 것은 아니다. 그저 우연이었다.

택시에 타기 직전에 문득 동작을 멈춘 형부를 나는 보았다. 택시 사이드미러에 그 모습이 비쳤다.

형부는 죽은 여자가 살던 옆집을 향해 자세를 바로 하고 양손을 몸에 딱 붙이며 살짝 목례했다. 너무 빨라서 거의 눈에 띄지 않는 목례였다. 눈여겨보지 않으면 알아챌 수 없을 만큼.

그 직후 뒷좌석 언니 옆에 탄 형부는 밝은 목소리로 "자, 출발!" 하고 말했다. "그래도 정든 집을 떠나자니 섭섭하네."

언니는 아무 말도 하지 않았다. 한시라도 빨리 이곳을 뜨고 싶다고 말하는 듯했다.

택시는 조용히 출발했다. 구름이 가득한 봄날 오후였다.

그 후 언니네 옆집이 어떻게 되었는지는 알지 못한다. 소문도 듣지 못했다. 언니와 형부도 내 앞에서 그 이야기를 한 적이 없다. 첩

이야기나 빈집이 된 이웃집 이야기는 우리 사이에 모종의 금기가 되어 버린 느낌이었다.

언니는 새로 이사한 오타 구의 산부인과에서 통통하고 건강한 딸을 낳았다. 하나코라는 이름을 지어 주었다.

하나코는 아무 탈 없이 쑥쑥 컸다. 어릴 때부터 그림을 좋아하고 사생대회에서 늘 상을 받는 등 재능을 보여 주었는데, 아이가 초등학교 3학년 때 그렸던 한 점의 그림에 관해 털어놓으며 이야기를 마치기로 하자. 그 그림은 초등학교 교사들의 열렬한 칭찬을 받고 액자에 표구되어 한동안 교내 현관 홀에 걸리게 되었다.

선명한 붉은색을 칠한 네모난 틀 안에 한 여인을 그린 것이었다. 네모난 창틀 주위에는 나뭇잎으로 보이는 검은 그림자가 무늬처럼 여러 개 흩어져 있다. 창틀 안에 그려진 여인은 뒤로 단단히 맨 머리 모양을 하고 있다. 호리호리한 몸매에 두 눈을 크게 뜨고 먼 데 있는 뭔가를 응시하고 있다.

여자가 입은 옷이 비백 무늬 유카타임을 안 순간부터 나는 그림을 똑바로 쳐다볼 수 없었다. 그럴 리 없다, 우연이다, 하고 스스로를 타일렀지만 너무나 충격적이라 위장이 오그라드는 기분이었다.

아이는 직접 보지 않고도 간접적인 체험을 통해, 가령 텔레비전이나 그림책이나 잡지 광고 등 온갖 매체로부터 무의식중에 정보를 받아들인다. 하나코는 자신이 얻은 정보 가운데 우연히 뭔가를 택해서 그림을 그렸을 뿐이다. 그렇게 생각하고 싶었고, 그러려고 노력해 보았지만 잘 되지 않았다.

언니도 형부도 그 그림에 대해서는 아무런 감상을 말하지 않았다. 멋지네, 라고 말한 것이 전부였다. 그 그림은 우리 사이에 일체 화제에 오르지 않았고 마침내 잊히고 말았다.

그러던 어느 날…… 세월이 흘러 하나코가 중학교 3학년이 되었을 때, 나는 물었다.

"하나 짱이 초등학교 3학년 때 그린 그림 있잖아? 선생님들한테 엄청 칭찬 받고 학교 현관 홀에 걸렸던…… 거기 그린 여자, 누구를 모델로 그린 거야?"

그러자 언니를 꼭 닮아서 예쁜 하나코가 주근깨 얼굴로 나를 힐끗 쳐다보았다. "모델 같은 거 없어."

"그럼, 상상으로 그린 거야?"

"응."

"상상이라고 하기에는 너무 진짜 같아서. 모델로 삼은 사람이 있는 줄 알았지."

"나는 모델을 두고 그리지 않는걸. 그런 그림은 그려 본 적 없어. 그런데, 왜 물어?"

"아니, 그냥." 나는 조심스레 말했다. "그 여자, 어디서 본 적이 있는 것 같아서. 그냥 착각이겠지."

하나코는 입을 다문 채 아무 말이 없었다.

형부 히로시 씨가 쉰이라는 젊은 나이에 불치병에 걸려 임종에 들었을 때 그 그림은 누군가에 의해 처분되어 사라졌다.

누가 처분했는지, 언니였는지 하나코였는지 나는 알지 못한다.

형부는 그 그림을 좋아했다. 언니는 싫어하는 기색이었는데도 형부는 딸이 그린 그림을 소중히 보관해 왔다. 보관만 한 게 아니라 집 안에서 가장 눈에 잘 띄는 곳에 걸려고 하는 것을 언니가 완강하게 반대했다고 들었다.

언니는 지금 일흔네 살이 되었지만 여전히 건강하다. 사교댄스를 배우기 시작하는 둥 한시도 집 안에 가만히 있질 않는다.

그렇게 어렸던 하나코도 마흔다섯. 시즈오카의 실력이 뛰어난 개업의와 결혼하여 두 아들을 얻었으며, 지금은 그림붓을 잡는 일이 없다.

인연이 없었는지 내 앞에는 왕자님이 나타나지 않아 여전히 독신이다.

엄마는 아흔아홉까지 정정하게 살다가 나와 언니가 지켜보는 가운데 잠들 듯이 세상을 떠났다. 나는 종종 바닷가 높은 자리에 있는 엄마 묘를 찾는다. 그곳에는 아빠도 잠들어 있다. 바다 냄새 나는 조용한 묘지이다.

아주 드문 일이긴 하지만 묘 앞에서 합장하며 나는 저 반세기 전에 내가 보았던 쓸쓸한 첩의 영혼을 위로한다.

왜 그러는지는 나도 설명할 도리가 없다. 평소에는 잊고 살아도 가끔 내 가슴에는 그 여자의 쓸쓸한 얼굴이 되살아나는 것이다.

그리고 그럴 때마다 부모님 묘 주위에는 어김없이 어디선가 시원하고 건조한 바람이 불어온다. 여름이면 멋진 남방제비나비 한 마리가 소리 없이 묘지와 내 주위를 날아다니다 어디론가 사라진다. 가을이면 묘 주변에는 온통 금빛 은행잎이 쌓이고 뭔가 지르밟은 것처럼 서걱서걱 소리가 희미하게 들려온다. 힘없는 햇살에 싸이는 겨울이면 선향 연기가 차가운 공기 속으로 희미하게 피어올라 쓸쓸한 나무들 너머로 스러져간다. 그럴 때면 향이 스러지는 쪽의 허옇게 바랜 겨울나무 그늘에는 눈에 보이지 않는 기척이 일어나 나의 동작을 문득 멈추게 한다.

그렇게 나는 이승과 저승을 잇는, 눈에 보이지 않는 이음매 같은 것을 느끼며 살아간다. 그 이음매에는 언제나 그 여자가 있다. 지금까지 일어난 많은 일들을 떠올려 봐도 여전히 영문을 알 수 없고 아무런 설명도 들은 적 없지만 지금도 온몸에 소름이 돋을 만큼 오싹해지곤 한다. 동시에 한없이 그립고 감미롭기까지 하다.

다시는 돌아오지 않을 젊은 날의 아득한 정경이 거기 있다. 내가 죽어 재가 되면 다시 그곳으로 돌아갈 수 있을까. 타오르는 듯한 불길한 저녁놀이 비치는 창문에 이번에는 내 모습이 비쳐지게 될까.

편집자 후기

일본의 소설가 아쿠타가와 류노스케를 기리기 위해 만들어진 아쿠타가와 상은 순문학 분야에서 최고의 성과를 거둔 신인이 받을 수 있는 문학상입니다. 자국뿐만 아니라 한국을 비롯한 여러 나라들에서도 관심을 가질 만큼 매년 화제를 불러 모으는데 올해(2022년)는 후보로 선정된 다섯 명이 전부 여성 작가라는 이유로 뉴스가 되었지요. 상이 만들어지고 88년 만에 처음이랍니다. 한데 좀 이상하지 않습니까. 후보가 전부 남성 작가였을 때는 당연하다 여겼잖아요. 여성 작가의 자서전이나 인터뷰를 읽다 보면 남성 중심의 문학계로 인해 겪은 어려움을 토로하는 일화가 자주 등장하죠. 오랫동안 여성 작가들은 스스로 작가라 칭하기를 주저하거나 작가라고 말하지 않았어요. 남성 작가들이 작가로서의 자격을 당연하게 여기거나 글쓰기가 운명임을 깨달았다고 스스럼없이 얘기하는 것과 달랐습니다. 왜 그랬을까요.

판타지와 과학소설을 썼던 어슐러 르 귄의 초기 작품들이 전부 남자의 세계가 배경인 이유는, 남자처럼 글을 쓰며 남성의 관점으로 사물을 표현하고자 노력했기 때문입니다. 주위의 여성 작가들이 남자인 척하거나 이름의 머리글자만 써야 했던 분위기에서 마땅히 그래야만 하는 줄 알았다고 합니다. 미스터리 장르에서 독보적인 활약을 펼쳐 온 미야베 미유키는 데뷔하고 28년이라는 세월이 흐르는 동안 "이런 소재의 글을 쓰는 건 여성 작가가 잘하지"

라거나 "여성 작가치고는 선이 굵직하다"는 말을 숱하게 들었습니다. 출판계에서 일하는 사람들마저도 이런 이야기를 아무렇지도 않게 하는 걸 보며 기가 막혔다는 얘기를 인터뷰하러 갔던 저에게 들려준 적이 있어요. 흑인의 정체성 문제에 천착했던 토니 모리슨은 노벨문학상을 수상한 이후에도 끊임없이 질문을 받았습니다. 언제까지 주변부의 이야기만 쓸 거냐고. 《파리 리뷰》와의 인터뷰에서 모리슨은 이렇게 말했습니다. "그들이 묻고 싶은 것은 '백인에 대한 책은 언제 쓰실 건가요'일 겁니다. 다른 작가들에게는 그런 식으로 물어보지 않아요. 제가 앙드레 지드에게 '언제쯤 흑인에 대해서 글을 쓰기 시작할 건가요?'라고 묻는 것이 가능할까요."

하지만 최근 몇 년 사이에 한국은 물론 영미권이나 유럽 등 해외 주요 문학상의 수상자들을 살펴보면 지금껏 경시되어 온 여성이나 성소수자, 마이너리티로 평가받아 온 작가들이 각광을 받고 있음을 알 수 있습니다. 일본에서는 1990년대부터 문학상에 여성 심사위원이 늘어나면서 작품에 대한 평가가 다양해지고, 여성 작가의 작품이 특히 불합리한 편견이나 차별의 형태로 나타나는 격차를 그리고 있다는 점 등이 이러한 흐름을 가속화시켰다고 합니다. 이 시기에 실력파 여성 작가들이 잇달아 등장한 이유는 무엇일까, 라는 질문에 평론가 사이토 미나코는 『동시대 일본소설을 만나러 가다』에서 이렇게 진단합니다. "(남성 작가 일색이었던) 문학계에서는 '이제 쓸 것이 남아 있지 않다'고까지 이야기하게 되었습니다. 하지만 유형무형의 벽에 의해 차단되고 차별과 편견 속에 있던 여성 작가들에게는 써야 할 재료가 얼마든지 있었다, 쓰지 않는 것투성이였다고 할 수 있을 것입니다." 그 무렵, 여류 작가라는 단어를 사어로 만들며 일약 중심 조류를 형성해 나갔던 여성 작가들 (이를테면 기리노 나쓰오, 미야베 미유키, 오가와 요코) 중에 한 명이 고이케 마리코입니다.

대학에 다니며 작가가 되고 싶다는 생각을 구체적으로 했던 고이케 마리코의 첫 직장은 출판사였습니다. 소설과 가장 가까운 곳에서 일하는 편이 좋겠다 싶어 입사했지만 만든 책은 『눈이 좋아지는 방법』 같은 실용서뿐. 결국 1년 반 만에 그만두고 프리랜서 편집자로 본인이 만든 기획서를 들고 출판사를 전전합니다. "그중 하나가 출판사에 근무하던 시절 여성 작가들에게 의뢰하여 앤솔러지 형식으로 만들고 싶었던 에세이였어요. 그런데 의뢰를 부탁하기도 전에 출판사를 그만두게 되었지요. 이후 그 기획서를 출판사에 들고 갔더니 사장이 저보고 직접 써 보라더군요. 작가로서 좋은 스타트가 될 수도 있겠다면서."

그 말을 듣고 생각을 바꾼 고이케 마리코는 불과 2개월 만에 원고를 완성하여 『지적인 악녀의 권유』라는 제목의 에세이를 출간합니다. 내용은, 여자는 이래야 한다는 사회적 통념은 무시하고 원하는 대로 살아라, 결혼 따위 필요 없다, 남자에게 휘둘리지 말자 등등. 1978년에 이런 내용의 책이 나왔다니 분위기가 어땠을지 조금쯤 짐작이 되시나요. 당시 언론은 무명 저자의 '당돌한' 데

뷔작을 크게 보도했는데 선정적인 제목의 기사가 대부분이었습니다. 책은 경이적인 판매고를 기록했지만 왜 아니겠냐는 듯 '유명해지고 싶어서 안달 난 젊은 작가의 악녀 코스프레' 같은 식의 비난이 따라붙었지요. "온갖 TV 프로그램에서 출연 요청이 쇄도하더군요. 인터뷰며 강연 요청도 줄을 이었습니다. 한마디로 연예인이 되어 버린 것이지요. 도저히 견딜 수 없어서 TV 출연도 강연도 인터뷰도 전부 그만두었습니다. 그래도 악녀 고이케 마리코라는 허상은 몇 년 동안 끊임없이 저를 괴롭혔어요."

원래 자신이 가고 싶었던 길로 돌아가는 데는 7년 가까운 시간이 필요했습니다. 그 사이에 여러 나라의 번역 소설을 다양하게 읽었는데 그중에서도 가장 인상적이었던 건 프랑스의 추리 소설 작가인 카트린 아를레와 영국 미스터리 소설계의 거장인 루스 렌들의 작품이었습니다. 등장인물들 마음의 미세한 움직임을 포착하여 점차 불안하고 긴장된 상태가 고조되도록 만드는 데 능한 서스펜스 연출의 대가들이 쓴 소설을 읽으며 '이런 장르의 소설이라면 나도 쓸 수 있지 않을까'라고 생각했다 합니다. 아마도 『지적인 악녀의 권유』가 사회적으로 '바람직하지 않은 반향'을 일으켰으니 순문학 쪽으로는 인정받기가 어려울 거라고 판단하여 상대적으로 진입장벽이 낮은 장르 문학을 선택한 게 아닌가 싶어요. 그리하여 소설가로 데뷔한 건 1985년. 이후 여러 편의 미스터리와 호러 소설을 발표하고 1989년에는 한국에도 번역된 바 있는 『아내의 여자친구』로 일본 추리작가 협회상도 수상하며 작품성을 인정받았지만 고이케 마리코의 작품에 대한 독자들의 평가는 그다지 좋지 않았던 모양이에요. 아니, 평가가 나빴다기보다 작가 스스로 만족하지 못했다고 표현하는 게 더 정확하겠죠. "미스터리 팬들에게는 '깜짝 놀랄 만한 반전도 없고 너무 순문학적인 거 아니야'라는 얘기를 듣고, 순문학 독자들에게는 '그저 그런 추리소설이잖아'라는 평가를 받다 보니 어느 쪽으로도 독자의 마음을 얻지 못하는 상태가 되었다고 할까요. 고민이 깊었습니다. 그래서 또 전부 그만두고(웃음) 내가 쓰고 싶은 걸 쓰자고 생각했지요."

그때 쓴 소설의 제목이 『사랑』, 연애 소설의 신경지를 열었다고 평가받은 이 작품으로 고이케 마리코는 일본 최고의 대중문학상인 나오키 상(1995년)을 수상합니다. "내 스스로 자유로워지기 위해서 누구의 눈치도 보지 않고 마음을 비운 채로 썼습니다. 그 전까지는 소설을 쓰는 동안 괴로웠어요. 손으로 모래를 퍼올리면 손가락 사이로 모래가 흘러내리잖아요. 나는 흘러내리는 모래에 대해 썼는데 사람들에게 보이는 것은 손바닥 위에 남은 모래뿐이었다고 할까, 비유하자면 그런 느낌이었거든요. 하지만 『사랑』을 썼을 때는, 이것으로 죽어도 좋다고 생각했을 만큼 만족스러웠습니다. 뜻하지 않게 나오키 상까지 받았으니 이제부터 내가 좋아하는 작품으로 뭐든 마음껏 쓸 수 있겠다는 자신감이 생기더군요."

실제로 고이케 마리코는 『사랑』을 발표한 이후로 픽션과 논픽

션, 순문학과 장르 문학, 미스터리와 로맨스를 가리지 않고 다채로운 작품을 썼고 대부분이 영상화되었으며 요시카와 에이지 문학상, 시마세 연애문학상을 비롯하여 수많은 상도 받았지요. 그중에서도 독보적인 경지에 이르렀다고 평가받는 분야는 호러, 그녀에게는 언젠가부터 '호러 소설의 명수'라는 레테르가 붙기 시작했는데 문예평론가인 이케가미 후유키의 표현이 인상적입니다. "무섭지만 따스한 한편으로 그리움을 불러일으킨다. 이국의 자살한 영혼이 집을 떠도는 '조피의 장갑', 모르는 사이에 이계로 파고드는 '히카게 치과 의원', 이웃집 창문에 죽은 자가 모습을 드러내는 '붉은 창'은 반전 대신 비틀림이 있는 정교한 이야기이다. 되풀이하지만, 이 세상의 것이 아닌 존재에 대해 쓸 때는 고이케 마리코를 당할 자가 없다고 생각한다."

부지불식간에 공포를 예감케 하는 정교한 풍경 묘사, 풍부한 수사를 동반한 시적인 문체의 사용, 유미주의적 작풍, 단편에서 잘 드러나는 기교 너머의 섬세함은 여타의 호러 소설들과 구분되는 고이케 마리코만의 특징이니까 이 부분을 눈여겨보며 읽어 주시면 좋겠습니다. 이 세상의 것이 아닌 존재에 대해 쓴 고이케 마리코의 소설은 『이형의 것들』 외에도 여럿 있지요. 부디 『이형의 것들』이 잘 팔려서 그의 소설들이 좀 더 활발히 한국에 소개되길. 아니, 북스피어에서 낼 테니까 모쪼록 잘 부탁드려요.

삼송 김 사장 드림.

이형의 것들

초판 1쇄 발행 2022년 8월 30일

지은이   고이케 마리코
옮긴이   이규원

발행편집인   김홍민 · 최내현
책임편집   조미희
표지디자인   이혜경디자인
마케터   마리
용지   한승
출력(CTP)   블루엔
인쇄 제본   대원문화사

펴낸곳   도서출판 북스피어
출판등록   2005년 6월 18일 제105-90-91700호
주소   (10595) 경기도 고양시 덕양구 동송로 23-28 305동 2201호
전화   02) 518-0427
팩스   02) 701-0428
홈페이지   https://blog.naver.com/hongminkkk
전자우편   editor@booksfear.com

ISBN 979-11-92313-06-1 (04080)
         979-11-91253-37-5 (세트)